Birgit Schulze

Was uns verbindet

Birgit Schulze

Was uns verbindet

In 4 Schritten
zur Gewaltfreien
Kommunikation
im Alltag

mvgverlag

Bibliografische Information der Deutschen Nationalbibliothek
Die Deutsche Nationalbibliothek verzeichnet diese Publikation in der
Deutschen Nationalbibliografie.
Detaillierte bibliografische Daten sind im Internet über http://d-nb.de abrufbar.

Für Fragen und Anregungen
info@mvg-verlag.de

Wichtiger Hinweis
Ausschließlich zum Zweck der besseren Lesbarkeit wurde auf eine genderspezifische Schreibweise
sowie eine Mehrfachbezeichnung verzichtet. Alle personenbezogenen Bezeichnungen sind somit
geschlechtsneutral zu verstehen.

Originalausgabe
1. Auflage 2021
© 2021 by mvg Verlag, ein Imprint der Münchner Verlagsgruppe GmbH
Türkenstraße 89
80799 München
Tel.: 089 651285-0
Fax: 089 652096

Redaktion: Petra Holzmann
Umschlaggestaltung: Manuela Amode
Umschlagabbildung: Shutterstock.com/mexrix, klerik78
Satz: Sania Haschemi für Pageturner Production GmbH
Druck: Florjancic Tisk d.o.o., Slowenien
Printed in the EU

ISBN Print 978-3-7474-0336-5
ISBN E-Book (PDF) 978-3-96121-701-4
ISBN E-Book (EPUB, Mobi) 978-3-96121-702-1

Wir produzieren
nachhaltig
www.m-vg.de

Weitere Informationen zum Verlag finden Sie unter
www.mvg-verlag.de
Beachten Sie auch unsere weiteren Verlage unter www.m-vg.de

Über die Autorin

Birgit Schulze, geboren 1969, ist Trainerin für Gewaltfreie Kommunikation und Wirtschaftsmediatorin (IHK). Sie begleitet ihre Kundinnen dabei, zufrieden ins Büro zu gehen. Auch in ihren privaten Lebensbereichen ist sie überzeugt von den vier Schritten der GFK, um die Verbindung zu sich und ihren Mitmenschen zu halten. Birgit Schulze bloggt, podcastet und gibt Onlinekurse zur GFK. Sie lebt in Darmstadt.

Inhalt

Ansprache im Buch

Viele meiner Klientinnen, Leserinnen und Hörerinnen sind Frauen. Daher wirst du in diesem Buch mehr Beispiele aus dem Leben von Frauen finden. Der besseren Lesbarkeit wegen verwende ich in diesem Buch abwechselnd und unregelmäßig die weibliche, männliche und neutrale Form. Gemeint sind immer alle Menschen unabhängig von Geschlecht, Herkunft, Alter, Religion, Hautfarbe, Kultur oder anderen Unterscheidungsmerkmalen.

Hinweis

Meine Absicht ist es, mit diesem Buch die Methode der Gewaltfreien Kommunikation (GFK) nach Marshall B. Rosenberg vorzustellen und dir Anwendungsbeispiele und Übungen für die Umsetzung im Alltag zu geben. Die Beschäftigung mit den vier Schritten kann dazu führen, dass du mit schmerzhaften Auslösern deiner persönlichen Geschichte in Kontakt kommst. Gleichzeitig ist es mir wichtig zu betonen, dass ich keine Therapeutin bin und keinen therapeutischen Anspruch an die GFK habe. Wenn du erkennst, dass du mit Themen in Kontakt kommst, die Schmerz in dir auslösen, dann rate ich dir, professionelle Unterstützung aufzusuchen.

Vorwort

Was verbindet dich mit deinen Mitmenschen? Gemeinsame Erlebnisse, Lachen, Liebe, Freundschaft oder das Betrauern von gemeinsamen Verlusten? In schwierigen Situationen zusammenzuhalten, verbindet ebenso wie das gemeinsame Erleben glücklicher und schöner Momente. Aber was verbindet uns, wenn wir unterschiedlicher Meinung sind? Wenn Vorwürfe und Schuldzuweisungen durch den Raum schwirren, wenn Konflikte schon seit langer Zeit unausgesprochen im Raum schwelen? Dann ist da alles – aber keine Verbindung. Wir sehen nur noch das, was uns am anderen stört, was der andere hätte besser oder richtiger machen können. Wir verteilen und hören Vorwürfe und Anschuldigungen. Oftmals bleibt ein schaler Geschmack zurück, selbst dann, wenn wir uns entschuldigt oder ausgesprochen zu haben glauben. Wir erinnern uns wieder und wieder an die Fehler, die wir selbst gemacht haben, oder an die, die die andere Person gemacht hat, und schmieren sie uns jedes Mal erneut aufs Brot. Verzeihen und vergeben gelingt meist nicht.

Also, was verbindet uns dann wirklich? Es ist die Verbindung mit unseren Gefühlen und Bedürfnissen und denen unserer Mitmenschen, kurz: Mitgefühl oder Empathie. Das macht uns menschlich. Mitgefühl ist eine angeborene Fähigkeit, die wir in entspannten Lebenslagen automatisch abrufen können. Aber auch in herausfordernden Momenten sind wir dazu in der Lage, vorausgesetzt, wir erinnern uns daran und wollen uns mit unseren Gefühlen und Bedürfnissen verbinden. Wenn Verletzungen zu groß, zu tief oder zu lang anhaltend sind, ist diese Bereitschaft vergessen. Aber wir verlieren sie nie.

Es gibt unterschiedliche Wege und Methoden, Mitgefühl und Empathiefähigkeit zu trainieren, zu stärken und auch in den herausfordernden Momenten des Lebens abzurufen. Eine davon ist die *Gewaltfreie Kommunikation* nach Marshall B. Rosenberg.

WAS IST GEWALTFREIE KOMMUNIKATION?

Marshall B. Rosenberg, Begründer der Gewaltfreien Kommunikation (GFK), entwickelte einen Prozess, der es ermöglicht, in konflikthaften Situationen Lösungen zu finden, die die Bedürfnisse aller im Blick haben. Dieser Prozess basiert auf den vier Schritten Beobachtung, Gefühl, Bedürfnis und Bitte. Allerdings ist die Gewaltfreie Kommunikation mehr als nur ein Kommunikationsprozess.

GFK ist Bewusstsein: Die GFK bietet dir an, ein Leben mit Mitgefühl, Zusammenarbeit, Verbindung, Mut und Authentizität zu führen.

GFK ist Sprache: Mit der GFK verstehst du besser, wie Worte zu einer Verbindung oder einer Trennung beitragen.

GFK ist Kommunikation: Die GFK bietet Wege und Möglichkeiten, mit denen du in Konflikten klarer um das bitten kannst, was du wirklich brauchst. Dank der vier Schritte verstehst du leichter, was andere Menschen brauchen. Auch, wenn du damit nicht einverstanden bist.

GFK ist Gestaltung beziehungsweise Social Change[1]: Die GFK bietet dir die Möglichkeit, deine Welt nach deinen Werten zu gestalten – indem du Macht mit anderen gemeinsam teilst (Power with), anstelle sie über andere auszuüben (Power over).

WARUM GEWALTFREIE KOMMUNIKATION?

Die *Gewaltfreie Kommunikation* wurde in den 1970er-/1980er-Jahren des letzten Jahrhunderts entwickelt. Sie basiert auf der klientenzentrierten Gesprächsführung nach Carl Rogers. Marshall B. Rosenberg, Begründer der GFK, war Schüler von Rogers. Der Begriff *Gewaltfreie Kommunikation* ist angelehnt an das indische Sanskritwort *Ahimsa*, das »Gewaltlosigkeit« bedeutet und von Gandhi geprägt wurde. *Ahimsa* schließt neben physischer Gewalt auch die geistige aus. Geistige Gewalt zeigt sich in unserer Alltagssprache beispielsweise durch Beleidigungen, Ausdruck von Hass oder verletzende Formulierungen.[2]

Den Ansatz des respektvollen und verbundenen Miteinanders findet man in allen Weltreligionen. Mit den vier Schritten der *Gewaltfreien Kommunikation* gibt es eine übersichtliche, praktische und anwendbare Methode, um diese Werte in Sprache einzubinden und im Alltag umzusetzen. Wir brauchen deshalb neue Bücher, Menschen und Ideen, um Altbewährtes, Lebensdienliches und Friedenförderndes in die heutige Zeit zu übertragen und eine Sprache zu verwenden, die die Menschen heute verstehen.

Du hast dieses Buch vermutlich deshalb ausgewählt, weil es dir wichtig ist, auch in herausfordernden Momenten auf respektvolle Weise mit deinen Mitmenschen zu sprechen. Oder vielleicht deshalb, weil du von der *Gewaltfreien Kommunikation* gehört hast und neugierig bist, was es damit auf sich hat? Dann hoffe ich, dass du deine Neugier mit diesem Buch stillen kannst. Ich lade dich hier an dieser Stelle ein, dich auf deinen persönlichen Lernweg zu begeben – auf der Basis der *Gewaltfreien Kommunikation*.

Was das Lernen für uns alle leichter macht, sind Übungen, um sich in einem geschützten Rahmen auszuprobieren und eigene Erfahrungen zu machen. Die in diesem Buch angebotenen Inhalte, Übungen, Materialien und persönlichen Geschichten aus meinem Leben und aus dem meiner Seminarteilnehmerinnen und Medianten dienen zur Inspiration, die GFK auszuprobieren und in sein Leben zu integrieren. Dieses Angebot erfüllt mir die Bedürfnisse nach Sinnhaftigkeit, Wertschätzung und Eingebunden-Sein und ist mein Beitrag zur Umsetzung von Marshall Rosenbergs Vision des Social Change.

Social Change bedeutet, die Welt auf friedliche Weise aktiv mitzugestalten.

Konzepte wie das der GFK tragen dazu bei. Durch eine individuelle und persönliche Entwicklung kann Wandel in der Gesellschaft gelingen. Mit den vier Schritten werde ich befähigt, zu dem Menschen zu werden, den ich in der Welt sehen will, wodurch die Welt zu der Welt wird, in der ich leben will.

Die Frage lautet für mich persönlich: Wie gelingt es mir, zu diesem Menschen zu werden, obwohl mir weiterhin Konflikte, Widerstände, *Neins* oder Ablehnung begegnen? Ich lebe (noch) nicht in einer heilen Welt. Mir geht es nicht darum, in meiner eigenen heilen Welt zu leben und mit verklärtem Blick durch meine rosarote Brille auf die Welt zu schauen. Nein, mir ist es wichtig, die Vielfalt, die mich umgibt, zu würdigen, anzunehmen und als Fülle und Reichtum unseres Lebens genießen zu können. Die GFK mit ihren vier Schritten und drei Wegen ist für mich das wirkungsvollste Werkzeug, das ich in meinem alltäglichen Kommunikations- und Lebensrucksack mit mir führe.

In Konflikten bietet sich damit die Möglichkeit, Lösungen zu finden, die die Bedürfnisse aller in den Blick nehmen. Darum geht es für mich: gemeinsam Lösungen zu finden, die zur Erfüllung unserer Bedürfnisse beitragen. Das gelingt manchmal besser und manchmal schlechter.

Die GFK ist nicht nur eine Methode, die ich anwenden kann. Sie ist eher eine Haltung oder persönliche Einstellung, die im Laufe der Zeit wächst. Mich unterstützen die vier Schritte dabei auf empathische Weise, um mit mir und meinen Mitmenschen verbunden zu bleiben, wenn Bedürfnisse sich nicht oder schwer erfüllen. Diese Verbundenheit führt zum Social Change im Kleinen wie im Großen. Ich kann die GFK für mich allein praktizieren, ohne dass ich andere aktiv einbinde. Ich kann sie im direkten Kontakt mit meinen Mitmenschen anwenden und mich in empathischen Prozessen mit mir und allen anderen verbinden.

Solche empathischen Prozesse brauchen erfahrungsgemäß Übung. Du findest in diesem Buch eine Einführung in die *Gewaltfreie Kommunikation*, sodass du die Methode und den Prozess kennenlernen und verstehen kannst. Du lernst die vier Schritte und drei Wege der GFK kennen. Durch die praktischen Übungen bist du eingeladen, dich direkt auszuprobieren und deine persönliche GFK-Haltung zu entwickeln oder zu vertiefen. Die unterschiedlichen Geschichten sollen dir dabei als Beispiel und als Inspiration für deine Übungspraxis dienen.

Im kostenlosen Downloadbereich zum Buch findest du vielfältiges weiterführendes Übungsmaterial, Beispiele und Begleitmeditationen.

Gefühls- und Bedürfnisbegriffe sind zentrale Elemente der GFK. Im Alltag drücken wir Gefühle oftmals über sogenannte *Pseudogefühle*, wie zum Beispiel »*Ich fühle mich missverstanden, hintergangen, nicht gesehen ...*« aus. Diese Formulierungen beinhalten einen direkten Vorwurf. Denn wir teilen damit mit, dass unser Gesprächspartner etwas falsch gemacht hat oder anders, als wir es uns wünschen. Im Buch sind die Pseudogefühle deshalb kursiv geschrieben, um sie deutlicher von den echten Gefühlsbegriffen zu unterscheiden.

Ich freue mich und bin dankbar, dich auf deinem Weg zur Entwicklung deiner persönlichen GFK-Haltung begleiten zu dürfen. Die Bedürfnisse Beitragen, Gesehen-Werden, Wertschätzung und Sinnhaftigkeit sind dadurch erfüllt. Es ist schön zu wissen, dass wir beide gemeinsam ein Stück dieses Weges gehen. Danke, dass du hier bist.

Birgit Schulze

Darmstadt, im Juli 2021

1

Einführung in den Prozess der Gewaltfreien Kommunikation (GFK)

Wir Menschen sind soziale und kommunikative Wesen. Wir tauschen uns aus, mit Worten und auch ohne Worte. Es gelingt uns zu kommunizieren, auch wenn wir nicht dieselbe Sprache sprechen. Wenn wir aktiv kommunizieren, verwenden wir Worte. Wir unterstützen unsere Aussagen, den Inhalt, das, was wir sagen wollen, ebenfalls durch Gesten, Mimik oder Körperhaltung. Wir verwenden Wörter, die wir bevorzugen, um Sachverhalte zu beschreiben, zu bewerten oder zu erklären. Je nach Situation, Tagesverfassung und Beziehungserfahrungen können Worte oder auch dass wir etwas nicht sagen oder dass wir es so sagen, wie wir es sagen, Auslöser für Konflikte sein. Darüber hinaus gibt es verschiedene Sprachmuster, die wir einsetzen. All dies geschieht bewusst und gleichzeitig unbewusst. Aus Sicht der GFK geschieht nichts davon aus *böser* Absicht, sondern aus der Motivation heraus, unsere Bedürfnisse zu erfüllen.

Im Alltag gibt es ausreichend Potenzial für angespannte Situationen und Konflikte. Dafür gibt es unterschiedliche Auslöser: Mal ist es ein Wort, das uns auf die Palme bringt, mal werden wir *falsch* verstanden, mal will uns der andere nicht *richtig* verstehen, mal hört uns keiner zu oder wir wissen, wie es besser geht, wir *fühlen uns unter Druck* gesetzt, sollen gegen unsere Werte handeln ... Sicherlich kannst du diese Liste fortsetzen und weitere *Auslöser* benennen, die zu Konflikten führen. Eine Grundannahme der GFK besagt:

Es sind die *Auslöser*, die die Gefühle in uns erzeugen, wie zum Beispiel Wut, Ärger, Trauer, Schmerz. Die *Ursache* unserer Gefühle liegt jedoch nicht in den Auslösern, sondern in dem zugrunde liegenden unerfüllten Bedürfnis. Natürlich kann ein Auslöser auch dafür sorgen, dass es dir gut geht. Dass du fröhlich, beschwingt, leicht oder zufrieden bist. Dann liegt auch ein Bedürfnis zugrunde. Ein erfülltes.

Die folgende Grundannahme der *Gewaltfreien Kommunikation* hilft zu verstehen, auf welcher Ebene Konflikte entstehen:

Konflikte entstehen auf der Strategieebene. Also auf der Ebene, wie sich die Bedürfnisse erfüllen.

Eines meiner Lieblingsbeispiele zur Erklärung des Unterschieds zwischen Bedürfnis und Strategie ist das Folgende:

Mein Sohn kommt nach der Schule nach Hause. Er schleudert seine Tasche in die Ecke seines Zimmers, schaltet den PC an und beginnt, ein Computerspiel zu spielen, bei dem er sich permanent aufregt und herumbrüllt. Parallel dazu hört er Musik in einer Lautstärke, die mich stört. Ruhe, Ausspannen, Abschalten, Entspannung sind die Bedürfnisse, die er sich durch die *Strategie* des Computerspiels und der lauten Musik erfüllt. Um diese Uhrzeit aber brauche ich Ruhe und Entspannung. Ich bevorzuge ruhige Musik, liege auf dem Sofa oder mache mir einen Kaffee und ruhe mich aus. Worüber streiten wir? Nicht über Ruhe, sondern über die Lautstärke der Musik und sein Herumbrüllen beim Spielen. Wir nutzen gegensätzliche *Strategien* zur Erfüllung unserer Bedürfnisse nach Ruhe und Entspannung. Ich erfülle mir mein Bedürfnis nach Ruhe durch Auf-dem-Sofa-Liegen und Stille. Mein Sohn erfüllt es sich durch das Spielen am PC mit lauter Musik.

Du kannst dir sicher vorstellen, dass wir uns häufig darüber gestritten haben und es auch hin und wieder noch tun.

Um Konflikte zu lösen, ist es hilfreich, die Bedürfnisse aller in den Blick zu nehmen. Dadurch fällt es leichter, neue Strategien zu entwickeln, die die Bedürfnisse erfüllen. Die *Gewaltfreie Kommunikation* ist ein bedürfnisorientierter Kommunikationsprozess. Wenn du tiefer in die *Gewaltfreie Kommunikation* einsteigen willst, mache dich als Erstes mit den vier Schritten, die Marshall Rosenberg entwickelt hat, vertraut.

DIE VIER SCHRITTE DER GEWALTFREIEN KOMMUNIKATION

Hier stelle ich dir die vier Schritte der GFK vor. Auch findest du Übungen, durch die du sie aktiv in deine Alltagskommunikation aufnehmen kannst. Dadurch entwickelst du deinen persönlichen Gefühls- und Bedürfniswortschatz, wirst vertrauter mit der Formulierung deiner Beobachtung, deines Gefühls, deines unerfüllten Bedürfnisses und deiner Bitte, und bist schneller in der Lage, in angespannten Momenten deines Lebens mit dir und gleichzeitig mit deinen Mitmenschen verbunden zu bleiben.

1. SCHRITT »BEOBACHTUNG«

Im Alltag vermischt sich die Gefühlswelt häufig mit Gedanken oder Bewertungen. Wir glauben dann zu wissen, was *richtig* oder *falsch* ist, sind aber nicht verbunden mit unseren Gefühlen und Bedürfnissen. Das *Richtig-* und *Falschdenken* fördern die Entstehung von Konflikten. Wichtig ist es deshalb, die Gedanken von den Gefühlen zu trennen. Das ist der Schritt der *Beobachtung*. Durch die *Beobachtung* erkennst du, ob du Bewertungen über dich oder andere hast oder was du in dieser Situation denkst.

Der Schritt der *Beobachtung* erleichtert es dir, dich aktiv mit deinen Gefühlen und Bedürfnissen zu verbinden. Indem du dich darauf fokussierst, was du siehst, hörst, schmeckst, wahrnimmst, bleibst du im gegenwärtigen Moment. Stell dir vor, du beobachtest eine Situation wie durch ein Kameraobjektiv und beschreibst das, was du wirklich sehen kannst. Nicht das, was dir außerdem durch den Kopf geht. Du kannst dich ebenfalls an Zahlen, Daten und Fakten zur Situation orientieren. Der Schritt der *Beobachtung* hilft dir zu erkennen, ob du moralische Bewertungen im Sinne von *richtig/falsch*, *gut/ schlecht*, *böse/lieb* in der aktuellen Situation anwendest. In unserer Alltagskommunikation sind wir es gewohnt, aus diesem *richtig/falsch*-Denken zu handeln, und verwenden eine entsprechende Sprache. Bleibst du in diesen Kategorien verhaftet, verhindert das die Verbindung zu dir selbst und zu deinen Mitmenschen.

Das Beispiel mit meinem Sohn zeigt es deutlich. In meiner Vorstellung ist es *unmöglich*, sich bei lauter Musik und mit Computerspielen zu entspannen. Er dagegen findet es langweilig und blöd, auf dem Sofa zu liegen und leise Musik zu hören. Wir finden also beide, dass der andere es *besser* oder vielleicht sogar *richtiger* machen könnte und der eine den anderen mit seiner Strategie einschränken will.

ÜBUNG ZUM ERSTEN SCHRITT: BEOBACHTE DEINE GEDANKEN!

Verbinde dich jetzt mit deinen Gedanken, Urteilen, Bewertungen oder Beobachtungen zu der von mir geschilderten Situation. Wenn du Kinder hast, kennst du das vielleicht. Möglicherweise hast du ähnliche Erfahrungen gemacht.

Schritt 1: Werde dir jetzt deiner Gedanken bewusst.

Was hast du in dem Moment gedacht, als du das Beispiel von mir und meinem Sohn von Seite 17 gelesen hast? Welche Gedanken sind dir durch den Kopf gegangen?

Notiere dir deine Gedanken.

....

....

....

Findest du in deinen Notizen Bewertungen, Analysen, Interpretationen oder Urteile? Gibt es Sätze wie zum Beispiel »Dann soll er die Musik leiser machen!«, »So schlimm kann das ja nicht sein!«, »Das ist doch Kinderkram!«, »Was ist denn das für ein Beispiel?«, »Was hat das mit Gewaltfreier Kommunikation zu tun?«

Falls du ähnliche Gedanken notiert hast, sei unbesorgt. Das ist normal und menschlich. Es geht in der GFK nicht darum, diese Gedanken **nicht** zu haben, sondern sie als Zeichen zu nutzen, um seinen Gedankenmustern auf die Spur zu kommen. Durch die Verwandlung von moralischen Bewertungen, Interpretationen, Urteilen oder Diagnosen in wertfreie Beobachtungen erhöhst du die Wahrscheinlichkeit, dass die andere Person keinen Vorwurf hört. Letztlich geschieht genau das in unserer Alltagskommunikation. Wenn ich zu meinem Sohn ins Zimmer gehe und sage: »Immer kommst du nach der Schule heim, wirfst deine Tasche in die Ecke, und das Erste, was du machst, ist, den Computer anzuschalten und die Musik aufzudrehen«, hört er vermutlich Vorwürfe und macht sich seine eigenen bewertenden Gedanken über mich. Die Reaktion darauf kannst du dir vorstellen. Auf Dauer führt das bei mir dazu, dass ich schon gereizt bin, bevor er nach Hause kommt, weil ich in Gedanken bei dem bin, was er aus meiner Sicht wieder falsch macht. Von seiner Gereiztheit möchte ich hier gar nicht sprechen.

Eine moralisch wertfreie Beobachtung zu formulieren, reicht allein nicht aus, um Konflikte zu lösen oder Wege zu einem friedlichen Miteinander zu gestalten. Die wertfreie Beobachtung dient als Einstieg, um dich mit deinen Gefühlen und Bedürfnissen zu verbinden und diese zum Ausdruck zu bringen.

2. SCHRITT »GEFÜHLE«

Gefühle sind der nächste Schritt in diesem Konzept. Sie dienen dir als Wegweiser zu deinen Bedürfnissen. Mal spürst du diese Gefühle intensiver – beispielsweise Wut oder Ärger. Auch Gefühle wie Freude oder Verliebtsein kannst du sehr intensiv wahrnehmen. Mal sind deine Gefühle leise und kaum wahrnehmbar. Du merkst vielleicht gar nicht, wie es dir gerade geht. Dadurch fällt es dir schwerer zu erkennen, was du in diesem Moment eigentlich brauchst und welches Bedürfnis unerfüllt ist.

Mit den vier Schritten der *Gewaltfreien Kommunikation* wirst du immer wieder daran erinnert, dich mit deinem Gefühl zu verbinden, um deine Bedürfnisse zu erkennen und zu benennen. In der GFK gehen wir davon aus, dass es weder *positive* noch *negative* Gefühle gibt. Wir kennen nur den Zustand erfüllter oder unerfüllter Bedürfnisse. Rosenberg sagte, es gebe lediglich zwei Gefühlszustände, in denen wir uns befinden: Entweder sind wir im Zustand des *Feierns* oder im Zustand des *Trauerns/Bedauerns*.[3] Wir *feiern*, wenn sich unsere Bedürfnisse erfüllen. In diesen Momenten fühlen wir uns zum Beispiel angeregt, begeistert, dankbar, erfolgreich, fröhlich, gut gelaunt, lebendig, sicher, verbunden oder zugehörig. Wir *trauern/bedauern*, wenn sich unsere Bedürfnisse nicht erfüllen. Dann fühlen wir uns zum Beispiel ärgerlich, bedrückt, frustriert, geladen, hilflos, irritiert, mutlos, ohnmächtig, sprachlos, verwirrt oder zornig.

ÜBUNG ZUM ZWEITEN SCHRITT: GEFÜHL ERKUNDEN

Versetze dich noch einmal in die Beispielsituation mit meinem Sohn, um dir deinen Gefühlszustand ins Bewusstsein zu rufen. Erinnere dich an deine Gedanken zu der von mir geschilderten Situation.

Wie fühlst du dich jetzt? Gibt es einen Gefühlsbegriff, der dir durch den Kopf geht? Kannst du in deinem Körper ein Gefühl wahrnehmen? Eine Spannung, einen Druck oder eine andere Wahrnehmung? Wo in deinem Körper nimmst du das wahr?

Notiere dir deine Erkenntnis.

....

....

....

Vielleicht fällt es dir schwer, vielleicht fällt es dir leicht, dein Gefühl zu finden. Wir alle haben einen unterschiedlichen Zugang zu unserer Gefühlswelt. Wie schon beschrieben, gibt es Gefühle, die wir stärker oder schwächer wahrnehmen. Sei geduldig mit dir, wenn es dir noch schwerfällt oder für dich ungewohnt ist, dich auf deine Gefühle zu konzentrieren. Wenn dir jetzt spontan kein Wort für deinen Gefühlszustand eingefallen ist, so wird es dich trösten, dass du mit der Zeit deinen Gefühlswortschatz aufbaust. Du kannst dir auch eine Gefühlsliste erstellen und regelmäßig durchlesen. Das hilft dir, dich dauerhaft mit der Fülle deiner Gefühle auseinanderzusetzen. Im Anhang findest du eine Gefühlsliste zur Inspiration. Dein Gefühl ist dein Wegweiser zu deinen Bedürfnissen. Deshalb schauen wir uns jetzt den Schritt »Bedürfnisse« ausführlich an.

3. SCHRITT »BEDÜRFNIS«

Konflikte spielen sich auf der Ebene der Strategien ab. Wenn es uns gelingt, die Bedürfnisse aller in den Blick zu nehmen, wird es leichter, Lösungen oder Strategien zu finden, die die Bedürfnisse aller erfüllen.

Besser gelingt die Lösungsfindung, wenn ich in meiner Ruhe, in meiner Kraft bin und mit meinen Gefühlen und Bedürfnissen gut verbunden bin. Schlechter gelingt es, wenn ich außer mir bin, ausschließlich meinen Gedanken oder Bewertungen zuhöre und meinen Emotionen, wie Wut und Ärger, freien Lauf lasse. Dann bin ich nicht mit mir und dem, was ich brauche, verbunden, sondern mit meinen Gedanken und Bewertungen, Urteilen, Interpretationen, zum Beispiel über meinen Sohn. Das führt dazu, dass Türen knallen, wir uns gegenseitig Vorwürfe an den Kopf werfen und die Stimmung vergiftet ist. Er spielt weiter und ich tigere schmollend durch die Wohnung.

Mein Sohn ist aber nicht die *Ursache* für meinen Ärger oder meine Wut, sondern mein unerfülltes Bedürfnis nach Ruhe und Entspannung. *Ausgelöst* wird unser Konflikt durch das Aufeinanderprallen gegensätzlicher *Strategien*: die laute Musik oder das laute Computerspielen auf der einen Seite und in Stille auf dem Sofa zu liegen auf der anderen Seite. Wir trennen deshalb in der GFK den *Auslöser* von der *Ursache*.

Für mich ist die Erkenntnis der Bedürfnisse in diesem Prozess der wesentliche, alles verändernde Schritt. Bedürfnisse zu erkennen, ist wichtig, um den eigenen Bedürfnissen nach und nach auf die Spur zu kommen. Im Beispiel mit meinem Sohn haben wir beide das Bedürfnis nach Ruhe und Erholung.

Mit der GFK werden wir uns unserer Bedürfnisse und den von uns angewendeten Strategien bewusster. Sind meine Strategien lebensdienlich? Oder nutze ich Strategien, die eher Trennung und Spannungen hervorrufen? Dabei geht es bei diesem dritten Schritt noch nicht darum, gleich eine neue Strategie aus dem Hut zu zaubern, sondern sich mit dem Bedürfnis zu verbinden.

ÜBUNG ZUM DRITTEN SCHRITT: BEDÜRFNIS ERKUNDEN

Gehe in Gedanken zurück zum Beispiel. Du hast bereits die Schritte Beobachtung und Gefühl durchlaufen. Jetzt erkundest du dein Bedürfnis.

Welches Bedürfnis ist bei dir in dieser Situation erfüllt? Welches ist nicht erfüllt? Nutze hierzu gerne die Bedürfnisliste, die du im Anhang findest.

Notiere dein Bedürfnis:

....

Wenn du ein Bedürfnis gefunden hast, spüre nach, wie es sich anfühlt. Tritt Entspannung ein? Oder das Gegenteil? Frage dich: »Was brauche ich in diesem Moment? Von mir? Von dem anderen? Von einer anderen Person?«

Anfangs kann es ungewohnt sein, das Bedürfnis zu vermuten. Das liegt vielleicht daran, dass du es nicht gewohnt bist oder noch keine Begriffe dafür kennst. Möglicherweise bist du erneut bei deinen Gedanken und Bewertungen. Das ist natürlich und menschlich.

Die *Gewaltfreie Kommunikation* ist keine Methode, die du Schritt für Schritt durchgehst und sofort abrufen kannst. Sie ist ein Prozess. Prozesshaftes Vorgehen bedeutet ein Vor und Zurück, ein Hin und Her. Manchmal bedeutet es auch, einige Runden zu drehen. Es braucht Zeit und Nachsicht mit dir selbst, wenn du dich auf diesen Weg begibst. Um neue Strategien zu entwickeln, ist der vierte Schritt notwendig. Daher erläutere ich dir hier den nächsten Schritt zur *Gewaltfreien Kommunikation* im Alltag.

4. SCHRITT »BITTE«

Die Bitte ist der Schritt, der dich ins Handeln bringt und über den du die Verbindung zu deinen Mitmenschen herstellen kannst. Dann, wenn du dazu bereit bist. Mit einer Bitte im Sinne der *Gewaltfreien Kommunikation* bittest du andere Menschen darum, zur Erfüllung deiner Bedürfnisse beizutragen, du bittest nicht um das Ausführen einer konkreten Strategie. Du überlässt ihnen die Entscheidung darüber, deiner Bitte nachzukommen – also zur Erfüllung deiner Bedürfnisse beizutragen.

Idealerweise hast du dich vor der Formulierung deiner Bitte mit deinen Gefühlen und Bedürfnissen verbunden. Du teilst in der Bitte deine Beobachtung, dein Gefühl und dein unerfülltes beziehungsweise durch die Bitte erfülltes Bedürfnis mit. Diese Formulierung erhöht die Wahrscheinlichkeit, dass deine Bitte als Bitte und nicht als Forderung gehört wird.

Ob es sich um eine Bitte im Sinne der GFK handelt, erkennst du daran, wie entspannt du mit einem *Nein* umgehst, das dir die andere Person vielleicht erwidert. Sofern du das *Nein* ruhig und gelassen nimmst und andere Strategien zur Erfüllung deiner Bedürfnisse bereit bist zu nutzen, hast du eine Bitte geäußert. Reagierst du dagegen ärgerlich, genervt oder wütend, hattest du vermutlich eine Forderung im Kopf. Übrigens: Es geht nicht darum, keine Forderungen mehr zu stellen. Vielmehr geht es darum, ähnlich wie bei der Trennung von Bewertungen und Beobachtung zu erkennen, aus welchem Bewusstsein heraus wir handeln. Dieser Schritt bietet enormes Potenzial für die Verbindung mit deinen Mitmenschen und dir selbst. Und damit ist es ein wichtiger Schritt für den *gewaltfreien* Umgang in deinen verschiedenen Lebensbereichen.

Die *Gewaltfreie Kommunikation* unterscheidet zwischen zwei unterschiedlichen Formen von Bitten.

DIE HANDLUNGSBITTE

Dies ist die alltäglichere Form einer Bitte. Mit einer Handlungsbitte bittest du eine andere Person um eine konkrete Handlung; du bittest darum, etwas zu tun oder zu unterlassen, was zur Erfüllung deiner Bedürfnisse beiträgt. Du drückst dich auf Basis der vier Schritte aus, indem du deine Beobachtung, dein Gefühl und dein Bedürfnis benennst, das sich durch die Handlung erfüllt. Eine Bitte ist darüber hinaus *positiv*, machbar, konkret formuliert und im Hier und Jetzt erfüllbar.

In meinem Beispiel könnte eine Handlungsbitte folgendermaßen lauten:

1. Schritt: Beobachtung: »**Wenn ich höre, dass die Musik so laut ist, dass ich sie in meinem Arbeitszimmer mitsingen kann …**«

2. Schritt: Gefühl: »**… bin ich genervt.**«

3. Schritt: Bedürfnis: »**Ich brauche Ruhe.**«

4. Schritt: Handlungsbitte: »**Bist du bereit, die Musik leiser zu drehen?**«

Vielleicht antwortet er mit einem *Ja*, vielleicht mit einem *Nein*. Entscheidend ist nicht, wie er reagiert, sondern wie ich mit seiner Antwort umgehe. Daran erkenne ich, ob ich in einer bittenden oder fordernden Haltung war.

DIE VERBINDUNGSBITTE

Bei dieser Form der Bitte bietest du Verbindung an, stellst sie her oder versuchst, sie zu halten. Die Verbindungsbitte ist nützlich, wenn die Situation angespannt ist und du sicherstellen willst, dass du so gehört wirst, wie es dir wichtig ist. Oder du willst sicherstellen, dass kein Missverständnis vorliegt. Dies gelingt zum Beispiel durch Fragen wie:

- **Wie geht es dir mit dem, was ich gesagt/getan/unterlassen habe?**
- **Was brauchst du von mir?**
- **Was hast du von mir gehört?**
- **Willst du wissen, was ich von dir gehört habe?**
- **Willst du wissen, wie es mir mit dem geht, was du gesagt/getan/unterlassen hast?**

In meinem Beispiel könnte eine Verbindungsbitte so lauten:

1. Schritt: Beobachtung: »Wenn ich höre, dass die Musik so laut ist, dass ich sie in meinem Arbeitszimmer mitsingen kann ...«
2. Schritt: Gefühl: »... bin ich genervt.«
3. Schritt: Bedürfnis: »Ich brauche Ruhe.«
4. Schritt: Verbindungsbitte: »Kannst du mir sagen, was du von mir gehört hast?«

Die Reaktion kann auch hier anders als erwartet ausfallen. Wie bei der Handlungsbitte liegt der *gewaltfreie* Umgang damit darin, wie du auf die Antwort deines Gesprächspartners reagierst. Im Falle einer unerwarteten Rückmeldung kannst du eine weitere Verbindungsbitte anschließen.

Nach einer Bitte, die du auf Basis der vier Schritte formuliert hast, hört der Prozess der GFK nicht auf, sondern er eröffnet dir die Chance, dich in der eigenen Verletzlichkeit zu zeigen und dem anderen die Möglichkeit zu geben, sich genauso verletzlich zu zeigen. Im Vertrauen darauf, dass es andere, noch unbekannte Wege zur Erfüllung deiner Bedürfnisse gibt.

Gewaltfreiheit bedeutet, im Austausch mit unseren Mitmenschen zu bleiben, auch wenn wir nicht mit deren Meinung oder Sichtweise einverstanden sind. Herauszufinden, welches unserer Bedürfnisse unerfüllt ist, ermöglicht es, Wege zu finden, wie wir es uns auf lebensdienliche Weise erfüllen können. Das geht nicht immer ohne Konflikte. Die GFK hat nicht das Anliegen, Konflikte zu vermeiden. Ihr Anliegen ist, dass wir aus einer offenen, verbindenden, vertrauensvollen Haltung heraus mit uns selbst und gleichzeitig mit unseren Mitmenschen in Verbindung kommen und bleiben. Auch dann, wenn es kracht.

DIE DREI WEGE DER GEWALTFREIEN KOMMUNIKATION

Die GFK ist eine kurze und übersichtliche Methode. Es gibt die vier Schritte, durch die du dich mit dem verbinden kannst, was sich dir in diesem Moment zeigt. Und mit der du um die Erfüllung deiner Bedürfnisse bitten kannst.

Der Prozess der *Gewaltfreien Kommunikation* ist allerdings kein geradliniger Prozess. Die Chance für mehr Verbindung, Bedürfniserfüllung und Empathie im Lebensalltag liegt darin, die vier Schritte zu gehen – im Stillen, im Lauten, in Diskussionen, in Alltagsgesprächen – und bereit zu sein, erneut einzusteigen. Die Absicht, aus der heraus wir handeln, ist die Absicht der Verbindung. Dass es Momente gibt, in denen Verbindung nicht möglich ist, schließt die GFK dabei nicht aus.

Du hast jetzt einen ersten Eindruck davon, was es mit den vier Schritten der *Gewaltfreien Kommunikation* (Beobachtung, Gefühl, Bedürfnis, Bitte) auf sich hat. Mir ist es wichtig, das Konzept der GFK verständlich und anwendbar zu machen.

Ein häufiges Missverständnis zu Beginn der Beschäftigung mit der GFK ist zu glauben, es reiche aus, seine Beobachtung, Gefühle, die unerfüllten Bedürfnisse und eine Bitte zu äußern, damit die anderen genau das machen, worum sie gebeten wurden. Das ging auch mir anfangs so. Neben den vier Schritten kennen wir noch drei Wege in der *Gewaltfreien Kommunikation:*

- **Selbst-Einfühlung**
- **Selbst-Ausdruck**
- **Empathie**

Das Zusammenspiel der vier Schritte auf den drei Wegen rundet den Prozess der GFK ab. Es macht ihn einerseits komplexer und gleichzeitig anwendbarer. Ratsam ist es, zu üben, sich auszuprobieren, die einzelnen Elemente anzuwenden und darauf zu vertrauen, dass sich nach und nach dein persönlicher Gefühls- und Bedürfniswortschatz aufbaut und du deine GFK-Sprache entwickelst. Es kann sein, dass es in einer Situation nicht gelingt, Verbindung herzustellen. Aber manchmal entsteht tiefe berührende Verbindung genau da, wo du es nicht vermutest.

Im Folgenden stelle ich dir die drei Wege vor:

1. SELBST-EINFÜHLUNG

Auf diesem Weg fühlst du dich auf Basis der vier Schritte in dich selbst ein. Du machst das mit dir und für dich selbst. Du entscheidest, ob du es allein praktizierst oder dich von einer Person deines Vertrauens begleiten lässt. Alles, was du in diesem Selbst-Einfühlungsprozess erkennst, gehört dir und geht auch nur dich etwas an. Du kannst es mit anderen teilen – dann, wenn du magst.

Der Prozess der Selbst-Einfühlung ist erfahrungsgemäß nicht geradlinig. Er führt dich nicht zwingend vom Schritt der Beobachtung hin zu deinem Gefühl, zu deinem Bedürfnis, um dann eine abschließende Bitte zu äußern. Meiner Erfahrung nach geht es vor und zurück, hin und her. Du wanderst vom Gefühl zur Beobachtung, um dann ein Bedürfnis zu formulieren und dann wieder auf deinen Bewertungen zu landen. Wir sprechen daher von einem *Selbst-Einfühlungs-Tanz*.[4]

Dieser Prozess dient der Erkennung von Verhaltens- und Reaktionsmustern, die dein Leben schwer machen. Du entlarvst sie und machst sie für dich persönlich sichtbar. Deine innere Kommunikation wird entschleunigt, sodass du dich auf die einzelnen Schritte konzentrieren kannst.

Jeder von uns hat unterschiedliche Reizwörter, Formulierungen, Tonfälle, Gesten oder Mimik, die uns aus unserer inneren Mitte bringen. Manchmal plötzlich, manchmal wirken sie nach. Diese *Triggerpunkte* zu verstehen und zu verwandeln, gelingt durch wiederholte *Selbst-Einfühlung* und verlangsamte Kommunikation.

Es geht darum, dir dieser Momente bewusst zu werden, und nicht darum, sie nicht mehr zuzulassen. Von meinen Kursteilnehmerinnen weiß ich, dass sie die stärksten Auslöser in sich selbst finden. Da gibt es die *innere Kritikerin*, den *Antreiber*, die *Richterin*, den *Schweinehund*, die *Gefräßige*, den *faulen Sack* ... Diese Stimmen sagen Sätze wie: »*Ich bin falsch, so wie ich bin.*« / »*Ich bin nicht gut genug.*« / »*Auf mich ist kein Verlass.*« / »*Ich bin schlecht.*« ...

So, wie diese inneren Stimmen in uns wirken, wirken auch Bewertungen oder Urteile, die wir über unsere Mitmenschen haben. Diese Stimmen werden dann laut, wenn uns beispielsweise ein *Nein* begegnet, wo wir lieber ein *Ja* gehört hätten. Da, wo wir auf Widerstand prallen. In Momenten, in denen jemand etwas anders macht, als wir es erwartet haben. In der *Gewaltfreien Kommunikation* hören wir diesen Stimmen zu. Wir verdrängen sie nicht, wir verbieten ihnen nicht, sich zu zeigen. Im Gegenteil: Wir nutzen sie als Hinweis auf unsere unerfüllten Bedürfnisse.

Vielleicht hast du in einem GFK-Seminar schon einmal den Begriff der *Wolfsshow* oder des *Kopfkinos* gehört. Es ist ein zusätzlicher Schritt, den du nutzen kannst, um den Prozess der Selbst-Einfühlung zu durchlaufen.

Anfangs ist es hilfreich, länger bei deinen Gefühlen und deinen Bedürfnissen zu verweilen. Möglicherweise spürst du plötzlich Gefühle oder nimmst Reaktionen in deinem Körper wahr, die dir bislang verborgen waren. Dadurch kommst du tiefer mit dir und mit deinen Bedürfnissen in Kontakt.

Kopfkino – höre deinen Bewertungen und Gedanken zu. Bei diesem Schritt bist du bei deinen Urteilen – über dich, über andere, über eine Situation. Aber du tadelst dich nicht dafür, sondern hörst dir zu. Du kannst diesen Moment als Einstieg in deinen *Selbst-Einfühlungsprozess* nutzen.

Schritt 1: Du verbindest dich mit deiner Beobachtung. Du gibst wieder, was du gehört oder gesehen hast, das, was gesagt oder nicht gesagt wurde. Durch die Fokussierung auf die wesentlichen Fakten zur Situation entkoppelst du deine Gedanken, Bewertungen oder Urteile von der Beobachtung. Das hilft dir dabei, dir deiner moralischen Bewertungen bewusst zu werden.

Schritt 2: Verbinde dich mit deinem Gefühl. Bei diesem Schritt spürst du in deinen Körper hinein und verbindest dich mit deinem Gefühl. Vielleicht nimmst du eine Körperregion plötzlich deutlicher wahr? Enge, Weite, einen Druck? Möglicherweise gehen dir Gefühlswörter durch den Kopf. Bleibe bei dem, was sich dir in Bezug auf deine Gefühle zeigt. Es kann sein, dass sich durch das bewusste Hineinspüren deine Gefühle verändern. Zu Beginn hilft es, eine Gefühlsliste oder Gefühlskarten zu verwenden.[5]

Schritt 3: Verbinde dich mit deinem Bedürfnis. Deine Gefühle weisen dir den Weg zu deinen erfüllten oder unerfüllten Bedürfnissen. Das hilft dir, dich mit deinen Bedürfnissen zu verbinden. Je nach Situation und Intensität fällt dir das unterschiedlich leicht. Wenn du eine plötzliche Entspannung oder *positive* Wahrnehmung bemerkst, bist du bei deinem Bedürfnis angekommen. Verweile bei dem Bedürfnis und spüre nach. Es kann sein, dass sich weitere Bedürfnisse zeigen.

Schritt 4: Verbinde dich mit deiner Bitte. Die Bitte kann dich in den Kontakt mit anderen Menschen bringen. Muss sie aber nicht. Du kannst eine Bitte an dich, an beteiligte Personen oder an Dritte haben. Du kannst eine Handlungs- oder Verbindungsbitte formulieren. Die Bitte entwickelt sich durch den Prozess deiner Selbst-Einfühlung. Erinnere dich, was ich auf Seite 24 zu den Bitten geschrieben habe. Wir bitten in der GFK um die Erfüllung unserer Bedürfnisse, das kann durch eine Handlungs- oder eine Verbindungsbitte geschehen. Die Strategie dient als Weg zur Erfüllung des Bedürfnisses. Um eine gefühls- und bedürfnisbasierte Bitte zu formulieren, ist es wichtig, so lösungsoffen wie möglich in den Selbst-Einfühlungsprozess einzusteigen.

Nachdem du einen Selbst-Einfühlungsprozess durchlaufen hast, kann eine mögliche Bitte sein, einer anderen Person gegenüber einen Selbst-Ausdruck mitzuteilen. In der *Gewaltfreien Kommunikation* bedeutet dies, sich auf Basis der vier Schritte auszudrücken.

2. SELBST-AUSDRUCK

Der Selbst-Ausdruck ist einer der beiden Wege, die du gehen kannst, um mit anderen Menschen in Verbindung zu treten, wenn du mitteilen willst, wie es dir geht, welches Bedürfnis sich durch die Handlungen erfüllt oder nicht erfüllt hat. Schließe deinen Selbst-Ausdruck mit einer Verbindungsbitte ab, um in Kontakt zu kommen.

Trotz der Formulierung auf Basis der vier Schritte kann es in einer angespannten Situation passieren, dass die andere Person dich nicht hören kann oder dennoch Vorwürfe hört.

Schritt 1: Teile deine Beobachtung mit, indem du die Situation frei von moralischen Bewertungen beschreibst. Du sagst, was du konkret gehört oder gesehen hast, was gesagt wurde oder was nicht gesagt wurde.

Schritt 2: Teile dein Gefühl mit, indem du sagst, wie es dir in diesem Moment ging.

Schritt 3: Teile dein unerfülltes Bedürfnis mit. Um den Kontakt zur anderen Person herzustellen und/oder zu halten, ist es verbindend, dein Bedürfnis auszudrücken. Dadurch bleibst du bei dir und verurteilst keine der verwendeten Strategien. Das eigene Bedürfnis mitzuteilen, erhöht die Wahrscheinlichkeit, vorwurfsfrei gehört zu werden.

Schritt 4: Teile deine Bitte mit. Hier bietet sich die Verbindungsbitte eher an als die Handlungsbitte. Frage die andere Person, was sie von dir gehört hat oder wie es ihr damit geht.

Je nach Reaktion kann es sein, dass du erneut Selbst-Einfühlung brauchst. Durchlaufe eine weitere Runde *Selbst-Einfühlung*. Oder bist du bereit, die andere Person empathisch zu hören? Wenn dies der Fall ist, kannst du den Weg der Empathie gehen.

3. EMPATHIE SCHENKEN

Wenn du dich entscheidest, einer anderen Person Empathie zu schenken, bist du bei ihr, bei ihrer Beobachtung, ihrem Gefühl, ihrem Bedürfnis und ihrer Bitte. Du bewertest diesen Prozess nicht, du sagst nicht, wie es dir damit geht oder was du an ihrer Stelle gefühlt oder getan hättest, welches Bedürfnis bei dir in diesem Falle unerfüllt war. Du verfolgst weder Lösungen noch hast du bestimmte Ziele. Du bist präsent.

Wenn du eine Idee hast, wie sich die andere Person fühlt oder welches ihrer Bedürfnisse nicht erfüllt ist, bietest du es ihr in Form einer Bitte an.

- **Kann es sein, dass du <GEFÜHL> bist?**
- **Geht es dir um <BEDÜRFNIS>?**

Wenn du Empathie schenkst, konzentrierst du dich auf das, was JETZT ist. Du parkst deine Gedanken, deine Bewertungen, deine Urteile über die andere Person, über das, was sie sagt oder welche Erkenntnisse sie durch deine empathische Begleitung erlangt. All das, was in einem empathischen Prozess geschieht, *gehört* der anderen Person. Prüfe während eines empathischen Prozesses, ob du noch in deiner Absicht der Verbindung bist.

Prüfe, ob du wirklich aus der Absicht der Verbindung heraus handelst und ob du bereit bist, die andere Person mit ihren Gefühlen und Bedürfnissen zu sehen. Wenn du erkennst, dass du eine bestimmte Lösung verfolgst, durchlaufe noch einmal einen Selbst-Einfühlungsprozess, um dir deiner Absicht bewusst zu werden.

Schritt 1: Du vermutest die Beobachtung der anderen Person in Form einer Frage. Du bist vollkommen bei der anderen Person. Du stellst deine Gedanken, Gefühle und all das, was dir durch den Kopf geht, zur Seite.

Schritt 2: Du vermutest die Gefühle der anderen Person, die sie in dieser Situation hatte oder hat. Es kann sein, dass sie die Situation anders erlebt hat und andere Gefühle wahrgenommen hat, als du es in dieser Situation getan hättest. Es kann auch sein, dass ihr dasselbe fühlt. Es braucht bei empathischen Prozessen keine Übereinstimmung der Gefühlswelt, sondern einen offenen, fragenden, vermutenden Umgang, die Gefühle der anderen Person gemeinsam zu erkunden und offen zu bleiben für das, was kommt.

Schritt 3: Du vermutest das erfüllte/unerfüllte Bedürfnis der anderen Person, indem du ihr Bedürfnisse anbietest. Die Entscheidung, ob es wirklich das Bedürfnis ist, das zugrunde liegt, liegt bei ihr. Beim empathischen Vermuten bietest du weder Lösungen noch Vorschläge an. Denn es geht nicht darum, einverstanden zu sein, sondern zu verstehen, welches Bedürfnis bei der anderen Person erfüllt/unerfüllt ist. Im Anhang findest du eine Bedürfnisliste, die dich dabei unterstützt, deinen persönlichen Bedürfniswortschatz aufzubauen.

Schritt 4: Du vermutest die Bitte der anderen Person, die sie an sich selbst, an dich oder an Dritte hat. Den letzten abschließenden Schritt formulierst du als Frage. Du bietest sie an, und die andere Person entscheidet, ob sie diese Bitte für sich übernimmt. Es kann durchaus sein, dass die Person eine andere Bitte äußert oder sie sich an eine andere Person wendet.

Am Ende eines empathischen Prozesses bietet sich die Verbindungsbitte an, zum Beispiel »*Wie geht es dir jetzt?*«, »*Was macht es mit dir, wenn du merkst, dass das <BEDÜRFNIS> unerfüllt ist?*«.

Einführung in den Praxisteil

In diesem Kapitel erwarten dich verschiedene Anregungen und Beispiele sowie Übungen zu den vier Schritten. Lasse dich davon inspirieren und probiere sie aus. Die Übungen sind so angelegt, dass du für dich übst. Dadurch tauchst du in die *Gewaltfreie Kommunikation* ein und machst dich mit den vier Schritten vertraut. Nebenbei entwickelst du deinen persönlichen *gewaltfreien* Wortschatz. Du findest zu jedem der Schritte eine Übung, durch die du die Grundidee der GFK »erfährst«. Mit den vertiefenden Übungen lernst du, die Schritte im geschützten Rahmen auszuprobieren. Mit den Übungen zu den drei Wegen übst du, dir Selbst-Einfühlung zu geben, deinen Selbst-Ausdruck zu erweitern und dich im empathischen Zuhören und Zugewandt-Sein zu schulen. Im weiteren Verlauf des Praxisteils kannst du dein GFK-Wissen erweitern und vertiefen, indem du dich in unterschiedlichen alltäglichen Kommunikationssituationen übst. Wir schauen gezielt auf Themen wie ...

- **Selbst-Einfühlung,**
- **innere Stimmen empathisch hören und verwandeln,**
- **Trigger wahrnehmen und nutzen,**
- **Ärger verwandeln,**
- **empathisches Zuhören und empathischer Dialog,**
- **gewaltfreies Unterbrechen,**
- **Feindbilder transformieren,**
- **Konflikte lösen,**
- **Nein sagen und hören,**
- **Feedback geben und Kritik äußern,**
- **Wertschätzung und Selbst-Wertschätzung,**
- **Dankbarkeit,**
- **Embodiment,**
- **Abschied nehmen.**

Im Anhang und Downloadbereich zum Buch findest du außerdem weiterführendes Übungsmaterial, Übungsbögen und angeleitete Meditationen sowie Listen mit weiterführender Literatur und Organisationen.

Schicke mir dein Feedback oder teile deine Erkenntnisse mit mir. Schreibe mir eine E-Mail an *info@birgitschulze.com*.

WAS UNS VERBINDET: BEOBACHTUNG

Vor ein paar Jahren gab ich einen Einführungskurs in GFK für ein Team eines IT-Unternehmens. Einer der Teilnehmer dort sagte, es sei wichtig, zu bewerten. Beispielsweise, wenn er an einer Straße stehe. Dann sei es sogar lebensnotwendig, zu bewerten, wie schnell die Autos fahren, um einzuschätzen, ob er die Straße schnell genug passieren könne. Natürlich gab ich dem Teilnehmer recht: Eine Situation zu bewerten, hilft mir, sie als gefährlich oder ungefährlich einzusortieren. Daher unterscheidet die *Gewaltfreie Kommunikation* zwischen moralischer und lebensdienlicher Bewertung.

Marshall Rosenberg regt an zu prüfen, was dem Leben dient und was dem Leben nicht dient. Moralische Bewertungen sind aus Sicht der *Gewaltfreien Kommunikation* nicht lebensdienlich. Denn ich teile meine Mitmenschen oder deren Handlungen dann in *gut/böse* oder *richtig/falsch* ein. Damit erhöhe ich die Wahrscheinlichkeit, dass meine Aussage als Kritik wahrgenommen wird.[6] Bezogen auf das oben angeführte Beispiel könnte meine Beobachtung im Sinne der GFK so lauten:

»Das Auto/Der Fahrer fährt so schnell, dass ich besorgt bin, lebend auf der anderen Straßenseite anzukommen.«

Meine Bewertung/Verurteilung könnte so lauten:

»Der Depp fährt viel zu schnell.« Oder: *»Der rast wie ein Wahnsinniger durch die Gegend.«*

Die Beobachtung ist der erste Schritt im Konzept der *Gewaltfreien Kommunikation*. Es ist der Schritt, der in meinen Seminaren am kontroversesten diskutiert wird. Die meisten Menschen, die ich kenne, mich eingeschlossen, sind es gewohnt, in den Kategorien von *richtig* und *falsch* zu denken. Es scheint bedrohlich zu sein, sich von der moralischen Bewertungs-*Keule* zu verabschieden. *»Aber es gibt doch böse Menschen und es gibt doch auch die guten.«*

Das zugrunde liegende Menschenbild und die Weltanschauung machen den Unterschied. So kann ich mich fragen: *»Bin ich wirklich davon überzeugt, dass es böse und gute Menschen gibt?«* Oder bin ich der Überzeugung: *»Diese Menschen wählen Strategien zur Erfüllung ihrer Bedürfnisse, die entweder* *lebensdienlich und verbindend oder trennend und destruktiv sind«*? Ich für mich habe entschieden, Letzteres zu wählen.

Gleichzeitig habe ich mich ausdrücklich dafür entschieden, die vier Schritte der GFK in meinem Alltag anzuwenden. Dies schließt ein, dass ich in allen möglichen Momenten versuche, meine Bewertungen und Gedanken wahrzunehmen, um mich mit meiner Beobachtung zu verbinden und mir meiner Gefühle, Bedürfnisse und meiner Bitten bewusst zu werden.

Es gibt *Feindbilder*, über die ich mir im Laufe der Zeit bewusst geworden bin. Wenn ich beispielsweise denke: *»Der doofe Autofahrer hätte mich sehen müssen«*, *»Die blöde Kuh, …«*, *»Jetzt lügt sie schon wieder wie gedruckt!«*, sind das Feindbilder, die ich über andere habe. Über Chefs, Kollegen und Kolleginnen, sogar über Freundinnen, Bekannte oder Verwandte. Interessanterweise kann ich auch mit mir selbst auf diese Weise sprechen, mich selbst be- beziehungsweise abwerten: *»Ach, Birgit, das hättest du besser machen können!«* Oder: *»Tja, Birgit, das ist wieder typisch für dich!«*

Die Abgrenzung meiner Bewertung von meiner Beobachtung macht deutlich, wie und wann ich bewertende, verurteilende Gedanken habe. Anfangs war ich geschockt über mich und meine Gedanken. Dennoch war es vor allem zu Beginn meiner GFK-Zeit eine der wichtigsten Erkenntnisse, die ich über mich und mein Kommunikationsverhalten gewinnen konnte.

Entspannend ist für mich bis heute der folgende Gedanke: Ja, es gibt Momente, in denen ich bewerte oder verurteile. Diese Momente wird es sicherlich weiterhin geben. Allerdings gelingt es mir durch den bewussten Schritt der Beobachtung, meine Gedanken und Bewertungen als solche zu erkennen und mit meiner Beobachtung zu verbinden.

Allein durch eine wertfreie Beobachtung wirst du nicht *gewaltfrei*. Es ist das Zusammenspiel und Zusammenwirken der vier Schritte, die dich auf deinem Weg in die *Gewaltfreiheit* unterstützen. Die Beobachtung kann ein Einstieg in diesen Prozess sein.

Michelle Obama schrieb in ihrer Biografie, es sei wichtig, den Kontext der anderen zu berücksichtigen.[7] Das habe sie als Kind von ihrer Mutter gelernt und sie versuche, diesen Kontext immer irgendwie miteinzubeziehen in ihrem Leben. Ich stimme ihr zu. Die Schwierigkeit besteht allerdings oftmals darin, dass wir den Kontext der anderen nicht kennen. Menschen handeln aufgrund ihrer Einstellungen, Werte und Erfahrungen, die sie in ihrem Leben gemacht haben.

Die *Gewaltfreie Kommunikation* geht davon aus, dass wir immer in Erfüllung unserer Bedürfnisse handeln. Das ist die Motivation unserer Handlungen. Wir sehen in konflikthaften Situationen einen Teilausschnitt und wissen wenig über den Kontext, aus dem die andere Person handelt. Wie bei einem Eisberg sieht man lediglich einen gewissen Teil, der Rest bleibt verborgen. Gleichzeitig existiert dieser verborgene Teil und hat Einfluss: darauf, wie ein Mensch handelt, und darauf, welche Strategien er wählt, um sich seine Bedürfnisse zu erfüllen.

Eine Erkenntnis aus neurobiologischen Forschungsstudien, die mich in den letzten Jahren am meisten beeindruckt hat, war die, dass wir überwiegend unbewusst handeln. Selbst wenn wir glauben, bei vollem Bewusstsein zu entscheiden, zu agieren oder etwas zu unterlassen, geschieht dies durch einen hohen Anteil unseres Unterbewusstseins.[8] Mir machte diese Erkenntnis anfangs Angst, weil ich nicht wusste, wie ich dann bewusster werden könnte.

Unser Gehirn steht auf Routinen, dadurch spart es Energie. Wenn du beispielsweise Fahrrad fährst, gab es eine Zeit in deinem Leben, in der du Radfahren gelernt hast. Du bist auf das Rad aufgestiegen, hast den Fuß auf das Pedal gestellt, hast dich mit dem anderen Fuß angeschoben und mit dem Gleichgewicht gekämpft. Vielleicht bist du hingefallen, wieder aufgestanden und hast noch einmal von vorne angefangen. Du warst vollkommen darauf konzentriert, das Rad und dich im Gleichgewicht zu halten, in die Pedale zu treten und geradeaus zu fahren. Vielleicht hattest du deine Zunge zwischen den Zähnen oder hast gejuchzt. In dem Moment, als du dich voller Stolz und Freude nach deinen Eltern umgesehen hast, bist du dann doch hingefallen. Und heute? Du steigst auf dein Rad, ganz selbstverständlich, fährst durch die Gegend, hältst das Gleichgewicht, kannst den Verkehr beobachten, dich mit einer Person unterhalten, die dich begleitet. All das ging nicht, als du das erste Mal auf dem Rad gesessen bist. Aber warum geht es heute? Weil du diese Fähigkeiten trainiert hast und sie nach und nach in dein Unterbewusstsein gewandert sind. Sie stehen dir seitdem als *Subroutinen* zur Verfügung. So wunderbar ist unser Gehirn. Die *Subroutinen* lassen dich allerdings auch in alltäglichen anderen Momenten auf immer gleiche Weise handeln.

So wie wir unsere Muskeln und unseren Körper trainieren können, können wir auch unser Sprachverhalten und unsere Kommunikation trainieren. Übertragen auf meine persönliche Alltagskommunikation bedeutet das, mir meine Kommunikationsmuster bewusst zu machen. Anzuerkennen, dass ich unbewusst kommuniziere, so wie meine Mitmenschen. In konflikthaften Momenten fällt es mir deshalb inzwischen leichter, bei anderen Menschen Milde und Nachsicht walten zu lassen, auch sie handeln nur zu fünf bis zehn Prozent bewusst. Der Rest ist unbewusstes Handeln. Für mich und für die andere Person.

DIE WERTFREIE BEOBACHTUNG

Bei der wertfreien Beobachtung geht es darum, Situationen **moralisch** wertfrei zu betrachten. In der Alltagssprache vermischen wir häufig eine Beobachtung mit unseren Gedanken und Bewertungen. Dies führt dazu, dass andere Personen eher Kritik oder Vorwürfe hören.

Unsere Bereitschaft, weiter im Gespräch zu bleiben oder zuzuhören, sinkt in dem Moment, in dem wir ein moralisches Urteil über uns hören. Je nach Situation und Aussage interpretieren wir das Gesagte als Beschämung, Beschuldigung, Beleidigung, Vorwurf, Abwertung, Diskriminierung, Beschimpfung … Wir hören möglicherweise einen direkten Angriff und beginnen, uns zu verteidigen.

Moralische Urteile erkennst du an bestimmten Signalworten wie zum Beispiel *immer, nie.* Auch die Einteilung in *richtig/falsch* oder *gut/schlecht* lässt eine Aussage bewertend erscheinen, zum Beispiel: *»Das kannst du besser!«, »Du bist zu langsam!«, »Du machst es doch auch immer so«.* Moralische Bewertungen kann ich ebenso gegen mich richten, indem ich mir sage: *»Das ist ja wieder typisch für mich«* oder *»Ich kann es nie jemandem recht machen«.*

Wende ich die Prinzipien der *Gewaltfreien Kommunikation* an, gibt es kein *richtig* oder *falsch* mehr. Es gibt Aussagen und Handlungen, die mein Leben und das der anderen bereichern, es erfreulicher und leichter oder schwieriger machen. Das ist das Kriterium für eine wertfreie Beobachtung.

Eine moralisch wertfreie Beobachtung – alltagssprachlich ausgedrückt – könnte beispielsweise sein:

»Ich bin heute noch eine halbe Stunde im Bett geblieben, nachdem der Wecker geklingelt hat.« / *»Du kommst heute Abend später als üblich nach Hause.«*/ *»Deine Gummistiefel und deine Hose sind voller Matsch.«* [9]

Die moralische Bewertung im Vergleich dazu könnte sein:

»Nie komme ich rechtzeitig aus dem Bett.« / »Immer machst du Überstunden!« /
»Du bist ja schon wieder total dreckig!«

Der Unterschied zwischen den Aussagen ist, dass ich mich bei den ersten auf eine konkrete Situation beziehungsweise Beobachtung beziehe. In den zweiten Aussagen verallgemeinere ich die Handlung (meine oder die der anderen Person) durch Begriffe wie *nie, immer* oder *schon wieder*. Ich kann nicht mit Sicherheit sagen, ob es tatsächlich *nie* ist. Mit Sicherheit kann ich sagen, dass es heute der Fall ist. Genauso verhält es sich mit den Begriffen *immer* und *schon wieder*. Verallgemeinerungen werden schnell als Vorwurf gehört und rufen Widerspruch, Diskussionen und Auseinandersetzungen hervor. Dadurch beginnt eine längere Diskussion, gegebenenfalls mit Gegenvorwürfen, die weder Lösung noch Verbindung ermöglichen.

Bei der wertfreien Beobachtung beziehst du dich auf **eine konkrete** Situation. Das macht es dir und der anderen Person leichter, Abstand zwischen der emotionalen Ebene und der Sachebene zu gewinnen. Du kannst dir vorstellen, die Situation wie durch ein Kameraobjektiv zu beschreiben. Orientiere dich dabei an Zahlen, Daten und Fakten. Die folgenden Fragen helfen dir bei der Formulierung deiner Beobachtung:

- **Was genau siehst du?**
- **Was genau wurde gesagt?**
- **Welche Worte wurden verwendet?**
- **Kannst du eine körperliche Bewegung beschreiben?**

In meinen Workshops mache ich oft die Erfahrung, wie schwer es manchen Teilnehmern fällt, sich auf eine konkrete Situation zu beziehen. Denn in der Übungssituation schwingt die Erfahrung mit, die sie bereits gemacht haben. Es ist für die meisten Menschen ungewohnt, gedanklich die Kommunikation zu entschleunigen und sich allein auf diesen ersten Schritt der Beobachtung zu fokussieren. Außerdem klingen die Formulierungen anfangs steif und ungewohnt.

Einem Seminarteilnehmer, Thomas[10], fiel es schwer, eine Beobachtung in Bezug auf eine stressige Situation mit seiner Nachbarin zu formulieren. Er sagte, die Nachbarin sei *falsch* und *laut* und versuche immer wieder, andere Mitbewohner auf ihre Seite zu ziehen. Ich unterbrach Thomas und sagte, das, was er sage, seien seine Bewertungen und Interpretationen über die Nachbarin. Die Formulierung: »*Sie ist falsch und laut und versucht immer wieder ...*« deutet darauf hin, Thomas denke, seine Nachbarin mache etwas falsch. Deshalb bat ich ihn, erneut seine Beobachtung zu formulieren, indem ich fragte: »*Was genau hast du beobachtet, Thomas?*« Thomas begann erneut, seine Beobachtung auszudrücken: »*Meine Nachbarin Frau Meier stand gestern Abend im Treppenhaus und unterhielt sich mit Frau Müller. Unser Haus ist sehr hellhörig, und so konnte ich das Gespräch durch die Tür in meinem Flur hören. Sie sprachen wohl über mich, denn ich hörte meinen Namen.*«

Dieser Schritt – die Beobachtung – kann als Einstieg in den Prozess der *Gewaltfreien Kommunikation* dienen. Die Beobachtung hilft dabei, innerlich eine Distanz herzustellen. Zu dir, zur anderen Person, zu deinen Emotionen wie Wut, Ärger, Schuld oder Scham. Die Beobachtung ist einer von mehreren Bausteinen für verbindende und empathische Kommunikation. Eine Beobachtung allein stellt aber noch keine Verbindung her.

Interessanterweise sprechen viele Menschen mit sich selbst ebenfalls in moralisch bewertender Form. Höre dir bitte einmal selbst zu, wenn dir etwas nicht so gelungen ist, wie du es erwartet hast. Was sagst du dann zu dir? Ich ertappe mich bei Gedanken und inneren Monologen wie »*Das ist ja wieder typisch, Birgit, nie kannst du ...!*« oder »*Ach, Birgit, wann lernst du es endlich!*«. Bedauerlicherweise war es für mich lange Zeit normal, dass ich so mit mir sprach.

In einer meiner Trainerausbildungen hörte ich den Begriff *blinder Fleck* zum ersten Mal. Damit ist gemeint, dass Gesten, Worte oder auch selbst-bewertende Formulierungen benutzt werden, die einem selbst nicht bewusst sind. Ich hatte damals die merkwürdige Angewohnheit, ständig »*keine Ahnung*« zu sagen. Das war mir tatsächlich nicht bewusst! Durch das beobachtende Feedback des Trainers gelang es mir, diesen *blinden Flecken* wahrzunehmen und mich davon zu verabschieden.

EIN BEISPIEL ZUM SICHTBARMACHEN DES BLINDEN FLECKS AUS MEINEM LEBEN

Ich ärgere mich, wenn mir etwas hinunterfällt. In solchen Momenten denke ich: »*Oh Birgit, bist du schusselig. Ständig fällt dir etwas herunter. Du bist so wuselig/übereifrig/unkonzentriert/übermotiviert/ungeduldig!*« Mir fallen mehrere Situationen aus meiner Kindheit ein, in denen ich von unterschiedlichen Menschen diese Sätze zu hören bekam. Diese Sätze wirken bis heute in mir nach. Ich bin betrübt, wenn ich mir das vor Augen führe.

Ja, ich begeistere mich schnell für neue Themen und freue mich, wenn ich gleich loslegen kann. Das ist für mich mit viel Energie und Schaffenskraft verbunden. Wenn es dann schnell geht, übersehe ich zum Beispiel eine Türschwelle, stolpere und das, was ich in der Hand halte, fällt runter. Dann sind sofort in meinem Kopf die bewertenden Aussagen anderer und die verurteilenden Gedanken von mir über mich selbst präsent: »*Das ist ja wieder typisch, Birgit!*« oder »*Du bist so schusselig!*«.

Ich werde dann traurig, weil es mir wichtig ist, mit meiner Freude und Energie gesehen zu werden; ich werde traurig, dass ich nicht so *sein kann* und *nicht angenommen werde*, so wie ich bin. Ich denke dann, ich bin eine Belastung für andere, ich stemple mich selbst als ungeduldig oder impulsiv ab. Dabei ist es doch schön für mich zu sehen, dass hinter meiner *Ungeduld* und *Impulsivität* Kreativität und Schaffenskraft stecken, durch die ich in meine Kraft und Energie komme.

Fällt mir nun in solchen Momenten etwas hinunter, ist das jetzt wie eine kleine Erinnerung, dass ich gerade voll in Fahrt bin und eher eine Auszeit bräuchte.

So habe ich es geschafft, mir meiner Bewertung bewusst zu werden, diese umzudeuten und meine scheinbar *schlechten* Qualitäten als *positive* zu sehen. Seither begleitet mich mehr Lebensfreude.

ÜBUNGEN ZUM ERSTEN SCHRITT DER GFK: DIE BEOBACHTUNG

Im Folgenden findest du zwei verschiedene Übungen, die dich unterstützen, deine Beobachtung zu formulieren und mit dem ersten Schritt der *Gewaltfreien Kommunikation* vertrauter zu werden. Wähle einen Zeitpunkt zum Üben aus, an dem du ungestört bist und dich vollkommen auf die von dir gewählte Übung einlassen kannst.

ÜBUNG: MEINE BEOBACHTUNG – MEINE GEDANKEN – MEINE BEWERTUNGEN/URTEILE

Schau dich in deinem Zimmer um.

Folge deinen Gedanken, die dir jetzt durch deinen Kopf gehen.

Was denkst du über dein Zimmer?

Über einzelne Gegenstände?

Über die Anordnung der Möbel?

Nimmst du wahr, dass du Interpretationen, Gedanken oder Bewertungen hast?

Trenne deine Gedanken, Bewertungen und Urteile ganz bewusst von der Beobachtung.

Notiere deine Erkenntnisse.

....

....

....

ÜBUNG: HÖRE DIR SELBST ZU – FINDE »DEINE BLINDEN FLECKEN«

Mit dieser Übung zur Beobachtung holst du deine blinden Flecken nach und nach in dein Bewusstsein.

Denke an eine Situation, in der etwas anders gelaufen ist, als du es dir vorgestellt hast.

Lenke für einen selbst gewählten Zeitraum deine Aufmerksamkeit auf deine damaligen inneren Monologe über dich.

- Welche Sätze hörst du von dir über dich?
- Was sagst du dir, wenn du dich über dich ärgerst?
- Was sagst du, wenn du besorgt oder bedrückt bist?
- Welche Bewertungen erkennst du dabei?

Wie geht es dir, wenn du diese Sätze über dich hörst?

Welche positiven Qualitäten erkennst du hinter den scheinbar schlechten?

Notiere deine Erkenntnisse.

....

....

....

WAS UNS VERBINDET: GEFÜHLE

Gefühle zeigen, darf ich das? Im Job, zu Hause, im Alltag? Ich kenne Menschen, die sich untersagen, Gefühle zu zeigen, auszudrücken oder zuzulassen. Sätze wie *»Sei nicht so emotional!«* oder *»Jetzt bin ich aber gefühlsduselig«* sind Ausdruck einer Überzeugung, die es scheinbar verbietet, Gefühle zu zeigen. Vor allem in Konflikten. Die Vorstellung, Konflikte könnten eher auf der Sachebene geklärt werden als auf der Beziehungsebene, ist scheinbar allgemeingültig. Der Ansatz der *Gewaltfreien Kommunikation* bestärkt mich allerdings in meiner Ansicht, dass es zu Lösungen kommt, die nicht tragfähig sind, wenn wir auf der Sachebene bleiben. Eben weil wir unsere Gefühlswelt verbergen und auf schnelle Lösungen hoffen.

Marshall B. Rosenberg schrieb in seinem Buch *Gewaltfreie Kommunikation. Eine Sprache des Lebens*[11], er sei dankbar, gemeinsam mit Prof. Carl Rogers die Komponenten einer *positiven*, zwischenmenschlichen Beziehung erforscht zu haben. Diese Ergebnisse spielten eine Schlüsselrolle bei der Entwicklung des Kommunikationsprozesses, den er mit seinem Konzept der *Gewaltfreien Kommunikation* zur Verfügung stellte. Gefühle spielen da eine zentrale Rolle. Der Fokus auf Gefühle ist notwendig bei der Gestaltung *positiver* Beziehungen, denn sie sind Wegweiser zu unseren erfüllten und unerfüllten Bedürfnissen.

Wie ist das für dich? Bist du der Meinung, knifflige und schwierige Themen lassen sich sachlich besser besprechen? Ob in der Familie, im Gespräch mit Freundinnen oder im Job? Mit dieser Auffassung bist du nicht allein. Und seit Jahren frage ich mich: Warum hält sich diese Überzeugung so hartnäckig? Warum scheint es bedrohlich, verwerflich oder sogar unprofessionell zu sein, Gefühle zuzulassen?

Vor einiger Zeit arbeitete ich als Change-Managerin in einem internationalen Technologiekonzern. Ich war Teil eines unternehmensweiten IT-Migrationsprojekts, das für alle Beteiligten eine große Herausforderung darstellte. Einer der Abteilungsleiter hatte ein starkes Bedürfnis nach Effizienz und Wirksamkeit. Ihn interessierten ausschließlich Zahlen, Daten und Fakten. Als ich ihn eines Morgens mit dem klassischen *»Hi, John, how are you?«*[12]

begrüßte, antwortete er wie aus der Pistole geschossen: *»Good morning, Birgit, to make it clear: I don't need a shrink!«*[13] Dass bei einem Menschen allein die Small-Talk-Floskel *»Wie geht es dir?«* zur Annahme führte, eine Psychotherapie zu durchlaufen, hat mich nachhaltig verwirrt. Es scheint, dass viele Menschen befürchten, Gefühle im Büro zu zeigen, sei unnötig und bringe womöglich mehr Schaden als Nutzen.

Was uns von unseren Gefühlen trennt, sind Gedanken, Bewertungen, Interpretationen oder Analysen – über uns selbst, unsere Mitmenschen oder Situationen. Im Alltag verwenden wir üblicherweise *Pseudogefühle* wie zum Beispiel *»Ich fühle mich benutzt, veräppelt, hintergangen ...«*. Dies sind Aussagen, die sich als Gefühl tarnen und gleichzeitig einen direkten Vorwurf beinhalten. Die folgende Schlüsselunterscheidung[14] dient zur Veranschaulichung und Abgrenzung dieser verschiedenen Begriffe.

SCHLÜSSELUNTERSCHEIDUNG ZWISCHEN GEFÜHLEN, GEDANKEN UND PSEUDO-GEFÜHLEN

1. **Gefühle** sind *Sensationen* im Körper, die dir anzeigen, ob deine Bedürfnisse gerade erfüllt oder nicht erfüllt sind. Die Intensität kann stark variieren. Wenn du dich spürst, bist du fokussiert auf deinen Körper.

Du kannst dich fragen: Bin ich fokussiert auf das, was ich in meinem Körper spüre?

2. Die Vermischung mit **Gedanken** (Bewertungen, Interpretationen oder Analysen) führt ebenfalls zu *Sensationen* im Körper, die sich durch die Vermischung der Gefühle mit den Gedanken immer mehr aufbauen können – bis zu einer *Explosion* oder *Implosion* wie zum Beispiel Wut, Schuld, Scham (sekundäre Gefühle). Dahinter stecken Gefühle wie zum Beispiel Hilflosigkeit oder Trauer (primäre Gefühle).

Du kannst dich fragen: Habe ich Urteile im Kopf? Denke ich, dass ich etwas (nicht) verdiene, dass etwas (un)gerecht ist?

3. **Pseudogefühle** drücken versteckte Bewertungen oder Schuldzuweisungen aus, zum Beispiel *»Ich fühle mich gedemütigt, missverstanden, verlassen ...«* oder *»Ich fühle mich auf den Arm genommen, wie der Tiger im Käfig ...«* Gleichzeitig sind Gefühle vorhanden, die nicht wahrgenommen werden.

Du kannst dich fragen: Mache ich mich oder andere verantwortlich für meine Gefühle?

Als Mensch bringen wir Gefühle von Natur aus mit. Es gibt Menschen, die ihre Gefühle extrovertierter zeigen als andere. Und es gibt die Introvertierten. Zusätzlich gibt es individuelle Wege, Gefühlslagen auszudrücken. Dadurch unterscheiden wir Menschen uns. Die eine freut sich lauter als der andere. Der eine trauert im Stillen für sich allein, während eine andere Person weint und ihrer Trauer freien Lauf lässt.

Wenn ich Gefühle zeige, zeige ich mich. Wenn ich mich freue, zeige ich mich mit meiner Freude. Wenn ich traurig bin, zeige ich anderen meine Trauer und damit auch mir selbst. Ich kehre mein Inneres ein Stück weit nach außen. Dadurch mache ich mich angreifbar und verletzlich. Es scheint Angst zu machen, offen mit den eigenen Gefühlen und mit denen der anderen umzugehen – vielleicht auch manchmal aus Sorge, einen Menschen, der in seinen Gefühlen aufgeht, nicht mehr rational oder mit logischen Argumenten erreichen zu können.

Gefühle sind Signale, durch die du verstehst, ob etwas dienlich oder schädlich ist. Ein klassisches Beispiel ist die heiße Herdplatte: Wenn du deine Hand auf eine heiße Herdplatte legst, fühlst du einen Schmerz und ziehst die Hand weg. Dadurch verhinderst du eine stärkere Verbrennung. Du lernst daraus, künftig zu prüfen, ob der Herd angeschaltet ist, und wirst sicherlich vorsichtiger sein, um weitere Verletzungen zu vermeiden.

Gefühle unterstützen uns Menschen dabei, eine Verbindung zu unserer Umwelt und unseren Mitmenschen herzustellen. In den 1990er-Jahren entdeckten Gehirnforscher die Spiegelneuronen. Das sind Nervenzellen, über die alle Menschen verfügen. Sie sind die Basis für Intuition und Empathie. Das berühmte Bauchgefühl basiert genauso auf ihnen wie die Fähigkeit zu lieben.[15] Durch sie können wir die Gefühlslage unserer Mitmenschen erfassen. Das wohl bekannteste Beispiel ist das Gähnen. Wenn du einen gähnenden Menschen siehst, gähnst du fast automatisch mit. Oder es lächelt dich eine Person an – schon lächelst du zurück. Dafür sorgen die Spiegelneuronen in deinem Gehirn. Genauso funktioniert das mit Gefühlen wie Wut, Ärger, Ungeduld, Frustration, Entspannung, Ausgeglichenheit oder Ruhe. Diese Gefühlslagen nimmst du bewusst oder unbewusst auf. Das führt vielleicht dazu, dass ein Team wie ein aufgescheuchter Hühnerhaufen durch die Gegend rennt und in blindem Aktionismus versucht, ein Projekt zu retten, obwohl es hilfreich wäre, sich erst einmal hinzusetzen, sich zu sammeln und gemeinsam zu überlegen, welche nächsten Schritte sinnvoll sind.

Im Büro ist es angesagter, so zu tun, als seien alle mit irgendwas beschäftigt – sei es mit einer wichtigen Aufgabe oder mit der Klärung eines akuten Problems –, anstatt nichts zu machen und hinzuspüren. »*Das frisst Zeit!*« oder »*Das bringt doch nichts!*« höre ich im Arbeitsalltag häufig von den Menschen, denen es schwerfällt, die Gefühlssituation etwas genauer unter die Lupe zu nehmen. Bedauerlicherweise sind es oft die Menschen, die in entsprechend wichtigen Positionen sind: Führungskräfte, Projektmanager oder Teamleitungen. Oder die Lauten, denen eher Gehör geschenkt wird als den Leisen.

Ja, es wäre so schön, wenn wir im Büro alles sachlich und logisch klärten und *immer* rational handelten. Wir wären effiziente *Büro-Roboter*, die ihren Job machten und sich zu Hause oder in anderen Lebensbereichen gefühlsmäßig austoben dürften. Dem zugrunde liegen vermutlich die Bedürfnisse nach Wirksamkeit, Effizienz und Effektivität; danach, Prozesse so zu gestalten, dass sie *einfach* zu durchlaufen und jedem verständlich sind, ohne Aufregung – im *positiven*, wie im *negativen* Sinne. Dabei vergessen wir, dass wir diese Prozesse nicht einfach durchlaufen, sondern mit unseren Gedanken, Ideen, Erfahrungen und Gefühlen hindurchgehen. Prozesse werden je nach Person unterschiedlich interpretiert und rufen unterschiedliche Gefühle hervor. Was für den einen ein logischer und klarer Ablauf ist, kann für die andere Person unverständlich und angsteinflößend sein.

Dies ist allerdings kein Buch für Organisations- und Prozessgestaltung. In diesem Kapitel möchte ich eine Lanze für mehr Gefühl, mehr Hinspüren in unserem Alltag brechen. Ohne dass die Sorge verstärkt wird, dass, wenn wir Gefühl zeigen, die Menschen hysterisch lachend, zu Tränen gerührt oder mit wutverzerrtem Gesicht durchs Leben laufen. Das sind Gefühlszustände, die uns alle ereilen können. Ich vermute, hier liegt die Angst vor den Gefühlen. In vielen Köpfen herrscht die Vorstellung, es sei schwer, eine gefühlsmäßig aus dem Ruder gelaufene Person wieder einzufangen. Dabei gibt es mehr als himmelhoch jauchzend oder zu Tode betrübt zu sein.

ÜBUNGEN ZUM ZWEITEN SCHRITT DER GFK: GEFÜHLE

Im Folgenden findest du zwei verschiedene Übungen zum Thema Gefühle.

ÜBUNG: MEIN PERSÖNLICHER GEFÜHLSWORTSCHATZ

Mit dieser Übung baust du deinen Gefühlswortschatz auf. Du bringst dadurch deine Gefühle so zum Ausdruck, dass du damit gehört wirst und gleichzeitig nicht als *emotional* beurteilt wirst.

So geht die Übung:

Schritt 1: Schreibe auf ein Blatt Papier in die Mitte »*Mir geht es gut*« und umkreise diese Aussage.

Schritt 2: Notiere nach der Mindmap-Methode all die Gefühlsbegriffe, die dir nun einfallen. Zensiere dich nicht. Schreibe alle Wörter oder Formulierungen auf, die dir in den Sinn kommen. Sofern dir keine Wörter oder Formulierungen einfallen, schau in die Gefühlsliste im Anhang dieses Buches.

Schritt 3: Markiere deine Lieblingswörter oder Lieblingsformulierungen.

Schritt 4: Prüfe, ob deine Lieblingsbegriffe in deinem Lebensbereich funktionieren. Gehe in Gedanken Situationen durch, in denen du diese Begriffe verwenden würdest. Wie, glaubst du, reagieren deine Mitmenschen darauf?

Wenn du der Meinung bist: »*Ja, diesen Begriff kann ich verwenden, ohne dass ich Gefahr laufe, für gefühlsduselig gehalten zu werden*«, markiere ihn in einer anderen Farbe oder mit einem anderen Zeichen.

Wenn du der Meinung bist, dieser Begriff funktioniert nicht, suche ein passenderes Wort. Schreibe es neben deinen Lieblingsbegriff. Zum Beispiel: *traurig = bestürzt/betroffen* oder *ängstlich = besorgt*.

Lege diese Liste sichtbar an einen Ort, sodass du diese Gefühlsworte regelmäßig in den Blick nimmst. Das unterstützt dich dabei, dein persönliches Gefühlsvokabular aufzubauen.

ÜBUNG: BEDÜRFNIS UND GEFÜHL

In dieser Übung geht es darum, deine verschiedenen Gefühlslagen aktiv wahrzunehmen. Dafür brauchst du verschiedene Bedürfnisbegriffe. Nutze hierzu die Bedürfnisliste aus dem Anhang.

So geht die Übung:

Schritt 1: Wähle ein Bedürfnis aus der Liste aus.

Schritt 2: Spüre, wie es sich anfühlt, wenn dieses Bedürfnis erfüllt ist.

Schritt 3: Spüre, wie es sich anfühlt, wenn dieses Bedürfnis nicht erfüllt ist.

Notiere deine Erkenntnis.

....

....

....

Vertiefung: Wiederhole diese Übung in einem von dir festgelegten Zeitraum.

ÜBUNG: STILLE EINFÜHLUNG IN DEINE MITMENSCHEN

Bei dieser Übung übst du dich darin, dich in andere Personen einzufühlen, ohne im direkten Kontakt zu sein. Dadurch wirst du routinierter im Umgang mit deinem Gefühlsvokabular und übst dich darin, Gefühle bei anderen wahrzunehmen.

Schritt 1: Suche dir gezielt Situationen heraus, in denen du eine Person deiner Wahl beobachten kannst, beispielsweise in einem Meeting oder beim gemeinsamen Mittagessen. Wenn dir das in der realen Situation schwerfällt, gehe in Gedanken zu einer solchen Situation.

Schritt 2: Konzentriere dich auf diese eine Person und vermute deren Gefühle – im Stillen nur für dich.

Schritt 3: Beobachte dich. Woran machst du deine Vermutung fest? Gibt es einen Gesichtsausdruck, eine Geste, bestimmte Wörter, eine Tonlage, nonverbale Signale, die diese Person verwendet?

Schritt 4: Verändert sich etwas im Verlauf des Treffens? Woran erkennst du die Veränderung?

Wiederhole diese Übung regelmäßig.

Vertiefung: Wenn du bereit bist, prüfe deine Vermutung. Sprich die Person in einem geschützten Rahmen an und frage nach: »*Kann es sein, dass du heute wütend, traurig, genervt, frustriert, begeistert, fröhlich, erleichtert ... warst?*«

WAS UNS VERBINDET: BEDÜRFNISSE

Die Bedürfnisse sind das zentrale Thema in der *Gewaltfreien Kommunikation*. Wenn wir es verstehen, uns in konflikthaften Momenten auf die Bedürfnisse zu konzentrieren, erhöht sich die Wahrscheinlichkeit, Lösungen zu finden, die die Bedürfnisse aller im Blick haben. Darüber hinaus fördert dieser bedürfniszentrierte Blick das *gewaltfreie* Miteinander. Es wird sicherlich weiterhin Konflikte und Meinungsverschiedenheiten geben. Aber die Prozesse zur Klärung werden mit der Zeit friedlicher, unaufgeregter und lebensdienlicher – sprich bedürfnisorientierter.

> Während meines ersten Jahrestrainings in *Gewaltfreier Kommunikation* ging ich mit meinem Sohn einkaufen. Er war damals ungefähr zwei Jahre alt. Wir gingen mit dem Einkaufswagen durch den Supermarkt und kauften alle möglichen Lebensmittel ein, darunter eine Tafel Schokolade. Zum Bezahlen legten wir die Waren gemeinsam auf das Förderband und anschließend wieder in den Einkaufswagen zurück. Ich schob den Einkaufswagen mit meinem Sohn im Sitz zum Fahrrad. Dort angekommen, begann ich, den Einkauf in den Fahrradkorb zu räumen. Plötzlich sagte er: »*Schokolade!*«, und ich antwortete: »*Nein, die gibt es jetzt noch nicht.*« – »*Schokolade! Schokolade!*«, brüllte er los. Mir war das unangenehm und ich sagte etwas ungehaltener: »*Die gibt es jetzt nicht, können wir später essen!*« Er brüllte weiter: »*Schokolade! Schokolade!*« Ich war ratlos. Was sollte ich tun? Mit einem brüllenden Kind heimfahren? Dann – endlich – erinnerte ich mich an die vier Schritte der GFK. Da ich ratlos und genervt war, stellte ich Vermutungen darüber an, was er wollte. Ich fragte ihn: »*Du willst jetzt Schokolade?*« »*Nein!*«, antwortete er. »*Schokolade ins Körbchen tun*«, schluchzte er. Da begriff ich. Er wollte sie nicht essen, er wollte mithelfen. Er wollte seinen Beitrag zum Einkauf leisten. Ich dagegen dachte, er wolle die Schokolade essen. So fragte ich noch mal, um sicherzugehen, ob ich ihn richtig verstanden hatte: »*Du willst die Schokolade selbst in den Fahrradkorb legen?*« Da strahlte er und bekräftigte: »*Ja, Schokolade in Fahrradkorb legen!*«

Noch heute bin ich so berührt von diesem Moment der Erkenntnis. Mir wurden schlagartig mehrere Dinge bewusst:

1. **Ich gehe häufig von meiner Annahme aus und glaube zu wissen, was der andere will oder braucht.**
2. **Menschen wollen ihren Beitrag leisten. Auf ihre Weise.**
3. **Ich verstehe nicht immer, was andere Menschen bewegt, was sie denken, und kann dies durch Nachfragen und empathisches Vermuten herausfinden.**

Wie du an diesem Beispiel sehen kannst, haben unsere Gefühle eine wichtige Rolle gespielt. In der GFK sehen wir Gefühle als Wegweiser zu unseren Bedürfnissen. Du kannst davon ausgehen, dass, wenn du dich gut fühlst, leicht, beschwingt, heiter, fröhlich … dass deine Bedürfnisse gut erfüllt sind – zumindest die aktuell wichtigen Bedürfnisse. Fühlst du dich dagegen schlecht, schwer, träge, genervt, wütend, frustriert, kannst du davon ausgehen, dass deine Bedürfnisse nicht erfüllt sind.

In dem Schokoladen-Beispiel fühlte ich mich ratlos und genervt. Mein Sohn war vielleicht sogar verzweifelt und genauso ratlos wie ich. Auch hatte ich nicht verstanden, was er wollte. Bei mir waren die Bedürfnisse nach Ruhe und Verstehen unerfüllt und bei ihm war es vermutlich das Beitragen und Gesehen-Werden.

Es ist ganz einfach: Wenn du dich im Alltag auf deine Gefühle und Bedürfnisse konzentrierst und auf die deiner Mitmenschen, gelingt es leichter, friedlich und empathisch zu bleiben – selbst wenn wir unterschiedlicher Meinung sind und die Gemüter hochkochen. Die Einfachheit liegt in der überschaubaren und leicht nachvollziehbaren Methode der vier Schritte. Sich an die vier Schritte zu erinnern und in der Bereitschaft zu bleiben, die Bedürfnisse in den Blick zu nehmen, ist die Herausforderung.

GRUNDANNAHMEN ZU DEN BEDÜRFNISSEN

Die folgenden Grundannahmen zu den Bedürfnissen helfen dabei, in die Haltung der *Gewaltfreien Kommunikation* zu kommen. Ja, es ist zwar notwendig, auf die Worte zu achten, die wir nutzen. Allerdings sind es nicht zwingend die Worte, die eine Aussage *gewaltvoll* machen. Es ist die Haltung, die im Gespräch zum Ausdruck kommt. Du solltest folgende Grundannahmen (siehe auch die Seiten 213 und 214) berücksichtigen:

→ **Alle Menschen haben dieselben Bedürfnisse, unabhängig von Alter, Herkunft, Geschlecht, Kultur, Religion ….**

→ **Menschen handeln immer in Erfüllung ihrer Bedürfnisse. Eines davon ist das Beitragen zur Erfüllung der Bedürfnisse anderer Menschen oder allgemein »*um das Leben zu bereichern*«.**

→ **Die Erfüllung der Bedürfnisse ist nicht an eine bestimmte Person, einen bestimmten Ort, eine bestimmte Zeit, ein bestimmtes Objekt und/oder eine bestimmte Handlung geknüpft.**

→ **Es ist notwendig, Bedürfnisse zumindest hin und wieder zu erfüllen, um zu überleben, uns zu entwickeln und gesund zu sein oder zu bleiben.**

→ **Werden Bedürfnisse nicht erfüllt, kommt es zu Spannungszuständen.**

Um eine bedürfnisorientierte Sprache zu entwickeln, braucht es Übung und Geduld. Die wenigsten von uns kommen aus einem Elternhaus, das uns dabei unterstützt hat, auf unsere Gefühle und Bedürfnisse zu achten. In der Regel wachsen wir mit einer Sprache auf, die einlädt zu vergleichen, zu bewerten, zu beurteilen. Wir sind es gewohnt zu analysieren und glauben zu wissen, was andere denken, brauchen oder fühlen.

Um gewohnte Sprach- und Kommunikationsmuster zu ändern, braucht es regelmäßige Übung. Das Üben unterstützt dich dabei, deine Gefühle und Bedürfnisse in den Blick zu bekommen und gleichzeitig die Fähigkeit zu trainieren, ebenso die Gefühle und Bedürfnisse deiner Mitmenschen zu vermuten. Hierbei geht es nicht um Wissen oder Feststellen, sondern um das *Vermuten*. Du kannst nicht sicher sein, ob die andere Person gerade wütend, ärgerlich oder genervt ist. Das entscheidet sie für sich selbst. Um dich zu vergewissern, ob deine Vermutung zutrifft, kannst du die andere Person fragen.

Neben der Übung braucht es Geduld, mit dir selbst und mit deinen Mitmenschen, denn auch für sie ist es ungewohnt, in Gefühlen und Bedürfnissen zu denken. Die Erfahrung, plötzlich empathisch gehört zu werden, kann zu unerwarteten Reaktionen führen.

Dafür sprechen auch die Erkenntnisse zur Neuroplastizität, die die Gehirnforschung in den letzten Jahren erlangte. In seinem Buch *Bedienungsanleitung für ein menschliches Gehirn* erläutert der Neurobiologe Gerald Hüther, dass das menschliche Gehirn zeitlebens neu konstruiert werden kann.[16] Diese Fähigkeit des lebenslangen Lernens wird Neuroplastizität genannt. Das bedeutet: Wir können auch im hohen Alter neue Fähigkeiten erlernen und gewohnte Verhaltensweisen verändern. Dadurch kann ich mich auf meinen persönlichen Weg des Lernens begeben und die *Gewaltfreie Kommunikation* nach und nach in meine Alltagssprache integrieren. Das sorgt für ein lebensdienlicheres und verbindendes Miteinander.

Konflikte entstehen wie gesagt auf der Strategieebene und nicht auf der Ebene der Bedürfnisse. Dies ist eine weitere Grundannahme der GFK. Deshalb ist es nützlich, zwischen Strategie und Bedürfnis zu unterscheiden. Im Alltag vermischen wir diese Begriffe häufig. Da hat jemand beispielsweise das *Bedürfnis* nach Schokolade, nach einem neuen Smartphone oder nach Fahrradfahren. In der *Gewaltfreien Kommunikation* stehen die Schokolade, das Smartphone oder Radfahren für Strategien, durch die wir uns unsere Bedürfnisse erfüllen. Die Schokolade steht möglicherweise für das Bedürfnis nach Entspannung, das Smartphone steht für Verbindung und Radfahren für Bewegung. Je nach Person können die Bedürfnisse hier abweichen. Die folgende Schlüsselunterscheidung dient dir zur Veranschaulichung und Nachvollziehbarkeit dieser beiden Begriffe.

SCHLÜSSELUNTERSCHEIDUNG ZWISCHEN BEDÜRFNIS UND STRATEGIE [17]

Bedürfnisse sind abstrakt. Alle Menschen haben dieselben Bedürfnisse, unabhängig von Alter, Herkunft, Geschlecht … Man kann sich ein Bedürfnis durch unterschiedliche Strategien erfüllen.

Frage dich: Bin ich offen für verschiedene Möglichkeiten zur Erfüllung meiner Bedürfnisse?

Die **Strategie**, durch die du dir ein Bedürfnis erfüllst, ist die konkrete Vorgehensweise. Sie stellt den Weg, also das konkrete Vorgehen, dar, um das Bedürfnis zu befriedigen.

Frage dich: Sind für mich zur Erfüllung eines Bedürfnisses mehrere Strategien denkbar?

Um eine konflikthafte Situation zu entspannen, hilft es, die Bedürfnisse von den Strategien zu trennen. Dies fördert die Entwicklung neuer Strategien, die die Bedürfnisse aller Beteiligten im Blick haben. Bedauerlicherweise kleben wir an Lieblingsstrategien oder eingefleischten Überzeugungen, die es uns nicht erlauben, uns davon zu lösen. Wir glauben, wir verlieren oder müssten faule Kompromisse eingehen, wenn wir uns darauf einlassen, eine Strategie zu verändern oder loszulassen. Sind wir bereit, auf die Bedürfnisebene zu blicken, gelingt es leichter, eine Verbindung herzustellen und zu verstehen, um was es der anderen Person wirklich geht.

Um diese Denk- und Handlungsmuster zu verändern, sind Übung und Geduld gefragt. Und Vertrauen darauf, dass es in deinem Alltag möglich ist, deine persönliche bedürfnisorientierte Sprache zu entwickeln. Wunder wirken hier übrigens verbindende Fragen. Wenn ich Fragen stelle, zeige ich meine Offenheit für andere.

ÜBUNGEN ZUM DRITTEN SCHRITT DER GFK: BEDÜRFNISSE

ÜBUNG: MEINE BEDÜRFNISSE IM ALLTAG

Diese erste Übung zu den Bedürfnissen lädt dich ein, dich in kleinen alltäglichen Momenten mit deinen Gefühlen und Bedürfnissen zu verbinden. Verwende bei Bedarf die Gefühls- und Bedürfnisliste im Anhang, die es dir zu Beginn deiner Übungspraxis erleichtert, dich mit den verschiedenen Begriffen vertraut zu machen.

Wiederhole diese Übung gerne mehrmals täglich. Verweile an von dir festgelegten Tageszeiten in Ruhe für zwei bis fünf Minuten.

Schritt 1: Schließe deine Augen und denke dabei an die letzten zehn Minuten.

Schritt 2: Formuliere deine Beobachtung.

Was hast du getan?

Was genau hast du gesagt, nicht gesagt, unternommen?

....

....

Möglicherweise war es eine alltägliche Situation, wie zum Beispiel staubsaugen oder eine E-Mail verfassen? Vielleicht hast du Sport gemacht? Oder bist mit dem Auto gefahren?

....

....

....

Schritt 3: Verbinde dich mit deinem Gefühl und spüre jetzt nach, wie es dir geht.

....

....

....

Schritt 4: Vermute dein erfülltes oder auch unerfülltes Bedürfnis zu dieser Situation, die du dir anschaust.

....

....

....

Schritt 5: Spüre nach, wie es sich anfühlt, dich mit dem hinter der Handlung liegenden Bedürfnis zu verbinden.

....

....

....

Notiere deine Erkenntnisse.

....

....

....

ÜBUNG: STILLE EINFÜHLUNG IN DIE BEDÜRFNISSE DEINER MITMENSCHEN

Diese zweite Übung bietet dir die Option, die Gefühlslage und unentdeckten Bedürfnisse deiner Mitmenschen zu vermuten. Jetzt geht es darum, dich in andere Personen einzufühlen. Ähnlich wie im vorigen Kapitel zu den Gefühlen, vermutest du im Stillen. Du bist eingeladen, hier zwischen Strategie und Bedürfnis zu trennen, um dir die Qualitäten beider Bereiche ins Bewusstsein zu rufen.

Im Downloadbereich findest du ein Beispiel zu dieser Übung.

Schritt 1: Erinnere dich an eine alltägliche Situation, die du mit einer anderen Person erlebt hast.

....

....

....

Schritt 2: Formuliere deine Beobachtung.

Was genau hat die andere Person getan, unterlassen, gesagt?

Welche Strategie hast du beobachtet, die die andere Person zur Erfüllung ihres Bedürfnisses angewandt hat?

....

....

....

Schritt 3: Wie fühlte sich die andere Person? Stelle Vermutungen zu ihrem Gefühl an.

....

....

....

Schritt 4: Vermute das Bedürfnis, das sich die andere Person dadurch vermutlich erfüllt hat.

....

....

....

Notiere deine Erkenntnisse.

....

....

....

Vertiefung: Wenn du herausfinden magst, ob deine Vermutung zutrifft, frage die andere Person bei Gelegenheit: »Kann es sein, dass es dir um <BEDÜRFNIS> ging, als du <BEOBACHTUNG> getan/gesagt hast?«

WAS UNS VERBINDET: BITTEN

Mit dem vierten Schritt, der Bitte, gelingt es vor allem in konflikthaften und angespannten Momenten, die Verbindung aktiv herzustellen, zu halten und Lösungen anzubieten, die die Bedürfnisse aller im Blick haben. Da der Begriff »Bitte« in unserem alltäglichen Sprachgebrauch auf andere Weise belegt ist, ersetze ich *Bitte* auch durch *Frage*, um diesen Schritt verständlicher zu erläutern. Die *Gewaltfreie Kommunikation* unterscheidet zwischen den Verbindungs- und Handlungsbitten oder -fragen, siehe die Seiten 24 bis 27.

Mit den **Verbindungsfragen** stellst du die Verbindung her und hältst sie aufrecht. Du kannst die andere Person fragen,

- **wie es ihr geht,**
- **was sie von dir gehört hat oder**
- **was sie jetzt braucht.**

Es ist auch möglich, die Fragen in die eigene Richtung zu lenken und darum zu bitten, ob die andere Person wissen will,

- **wie es dir jetzt geht,**
- **was du von ihr gehört hast oder**
- **was du jetzt brauchst.**

Nutze Verbindungsbitten, wenn du …

- **… denkst, die andere Person hat dich missverstanden.**
- **… denkst: »Komisch, der/die reagiert anders als erwartet.«**
- **… sicherstellen willst, dass du so verstanden wurdest, wie es dir wichtig ist.**
- **… sicherstellen willst, dass du die andere Person so verstanden hast, wie es ihr wichtig ist.**

- … wissen willst, was die andere Person braucht.
- … daran interessiert bist, wie es der anderen Person geht.
- … die Verbindung zur anderen Person herstellen und halten magst.

Die im Alltag üblichere Bitte ist die **Handlungsbitte**. Als solche biete ich beispielsweise eine konkrete Handlung an – also eine konkrete *Strategie*, die zur Erfüllung meines oder deines Bedürfnisses beiträgt. Ich kann zum Beispiel darum bitten, dass du das Fenster öffnest, um frische Luft hereinzulassen. Eine Bitte im Sinne der *Gewaltfreien Kommunikation* beinhaltet idealerweise die Schritte *Beobachtung*, *Gefühl* und *Bedürfnis*, mindestens aber das Bedürfnis, das sich durch die Bitte erfüllt. Es kann hilfreich sein, eine Verbindungsbitte anzuschließen, um Klarheit herzustellen. Anbei findest du einige Beispiele für Handlungsbitten:

- Ich bin sehr müde *(Beobachtung)* und es würde mich erleichtern *(Gefühl)*, wenn du die Kinder ins Bett bringst *(Strategie)*. Bist du dazu bereit? *(Verbindungsfrage)*
- Wir sind morgen um 15 Uhr zum Kaffeetrinken bei Oma und Opa eingeladen *(Beobachtung)* und ich will noch einen Kuchen backen *(Strategie)*, aber wir haben keine Eier mehr *(Beobachtung)*. Bist du bereit, welche zu holen *(Strategie)*? Das würde mich zeitlich entlasten *(Bedürfnis)* und ich hätte mehr Ruhe *(Gefühl)*. Kannst du mir jetzt sagen, ob du Zeit dafür hast? *(Verbindungsbitte)*
- Würdest du mit mir joggen gehen *(Strategie)*? Das erfüllt mir die Sicherheit *(Bedürfnis)*, dass ich auch am Sport dranbleibe, und wir machen etwas gemeinsam *(Bedürfnis)*. Wie klingt das für dich? *(Verbindungsfrage)*

Eine Handlungsbitte ist im Hier und Jetzt machbar, konkret und positiv formuliert. Bitten, deren Erfüllung sich in die Zukunft erstreckt, sind Wünsche oder Vereinbarungen, die zu treffen sind. Die andere Person kann dir nicht zu 100 Prozent garantieren, ob sie den Wunsch/die Vereinbarung erfüllen kann. In diesem Fall kannst du die andere Person fragen, wie es ihr JETZT damit geht. Dazu kann sie dir auf jeden Fall hier und jetzt eine Rückmeldung geben.

Ich werde in Seminaren gefragt, wie es möglich ist, Vereinbarungen so zu treffen, dass sie eingehalten werden. Orientiere dich in einem solchen Fall an den *SMART*-Regeln, denn Vereinbarungen sind leichter erfüllbar, wenn sie bestimmten Kriterien entsprechen.

- **Spezifisch – auf die Situation bezogen**
- **Messbar – zum Beispiel in Bezug auf Dauer oder Häufigkeit**
- **Attraktiv – die Vorstellung, die Tätigkeit auszuführen, ist angenehm.**
- **Realistisch – die Aufgabe ist an die Person und ihre Fähigkeiten angepasst.**
- **Terminiert – es gibt einen vereinbarten Zeitpunkt, den alle Beteiligten kennen.**

Ein **Beispiel**, das in meinen Kursen immer wieder auftaucht und nachgefragt wird, ist der Konflikt um die Beseitigung des *Hausmülls*.

Peter: »*Kannst du den Müll raustragen?*«

Pia: »*Ja, gleich …*«

Peter, eine halbe Stunde später: »*Hast du den Müll schon weggebracht?*«

Pia: »*Nö, mach ich später, fest versprochen!*«

Peter: »*Pia, jetzt ist es schon 21 Uhr und der Müll ist immer noch da.*«

Pia: »*Ach, hab ich ganz vergessen!*«

Ein GFK-basierter Dialog mit einer SMART formulierten Bitte könnte so lauten:

Peter: »*Pia, bist du bereit, den Müll innerhalb der nächsten halben Stunde rauszutragen?*«

Pia: »*Nein, das schaffe ich nicht, ich muss noch Mathe zu Ende machen, das dauert noch länger.*«

Peter: »*Ah, du machst noch Mathe. Wie lange wird das dauern?*«

Pia: »*Ich brauche bestimmt noch eine Stunde.*«

Peter: »*Gut, eine Stunde, dann haben wir 17 Uhr. Soll ich dich dann noch einmal erinnern?*«

Pia: »*Ja bitte, ich brauche dann bestimmt eh eine Pause.*«

Um eine Bitte im Sinne der GFK zu äußern, hilft es, sich der eigenen Absicht bewusst zu sein und das dahinterliegende Bedürfnis zu erkunden und zu benennen. Bitte ich aus der Absicht der Verbindung, sind die *Verbindungsfragen* nützlich. In Situationen, die festgefahren sind oder in denen es wiederholt zu Missverständnissen kommt, hilft diese Variante des vierten Schritts, um herauszufinden, was beim anderen ankommt, wie es ihm geht oder was ich gehört habe.

Das Wort *Bitte* ist tief in unserem Sprachgebrauch verankert. Wir glauben zu wissen, was es bedeutet, eine *Bitte* zu äußern. Meistens handelt es sich allerdings um eine Höflichkeitsfloskel. »*Würdest du bitte …?*« Oder: »*Kannst du bitte …?*« Das Wort *Bitte* suggeriert, dass es damit für die andere Person attraktiver wird, das zu machen, was ich von ihr will. Macht sie es nicht, bin ich verwundert: »*Aber ich habe dich doch gebeten!*« Oder: »*Ich habe doch ›Bitte‹ gesagt, warum machst du es dann nicht!?*«

Hier liegt aus meiner Sicht für die Menschen eine große Verwirrung vor, die beginnen, sich mit der *Gewaltfreien Kommunikation* zu befassen. Daher möchte ich dir einige Grundannahmen mitgeben, die dich unterstützen zu verstehen, was die GFK mit dem vierten Schritt meint.

- Wir bitten in der *Gewaltfreien Kommunikation* um die Erfüllung unserer Bedürfnisse und nicht darum, eine konkrete Strategie auszuführen.
- Eine Bitte ist positiv, machbar und hier und jetzt erfüllbar. Das bedeutet: Ich bitte konkret um eine Handlung, die jetzt sofort ausführbar ist, um dadurch mein unerfülltes Bedürfnis zu erfüllen.
- Beispiele: »*Kannst du bitte das Fenster öffnen (Strategie), damit frische Luft ins Zimmer kommt (Bedürfnis = Gesundheit)?*« Oder: »*Kannst du die Musik leiser machen (Strategie), damit es ruhiger ist (Bedürfnis = Ruhe/ Entspannung)?*«
- Verbindungsbitten sind immer hier und jetzt erfüllbar.
- Ein wesentlicher Aspekt der Bitte ist, dass ich bereit für ein *Nein* bin und offen für andere Strategien zur Erfüllung meines Bedürfnisses. Gehe ich davon aus, dass eine Bitte automatisch ein *Ja* zu mir oder meinem Anliegen nach sich zieht, bringt mich ein *Nein* aus dem Konzept, lässt Verwirrung, Ratlosigkeit und Widerstand in mir entstehen.

In meinen GFK-Einführungsseminaren erlebe ich, dass Teilnehmerinnen eine Bitte ausdrücken und der Meinung sind, jetzt, da sie sich *gewaltfrei* ausdrückten, käme die andere Person dieser Bitte selbstverständlich nach. Interessanterweise sind sie verwundert, wenn ihnen in dieser Situation ein *Nein* geschenkt wird. Vermutlich hatten die Teilnehmerinnen in diesem Fall eher eine *Forderung* als eine *Bitte* im Kopf.

Übrigens geht es aus meiner Sicht nicht darum, keine Forderungen mehr zu haben, sondern darum, bewusster zu werden, ob man eine Forderung oder eine Bitte im Sinne der GFK äußert.

SCHLÜSSELUNTERSCHEIDUNG ZWISCHEN BITTE IN ABGRENZUNG ZUR FORDERUNG[18]

Die folgende Schlüsselunterscheidung grenzt den Begriff der Bitte vom Begriff der Forderung ab.

BITTE

Bei der Bitte lasse ich der anderen Person die Wahl, *Ja* oder *Nein* zu sagen. Höre ich ein *Nein*, bin ich bereit, mir mein Bedürfnis auf andere Weise zu erfüllen.

Frage dich: Bist du offen für ein *Nein*?

FORDERUNG

Bei einer Forderung lasse ich der anderen Person keine Wahl und reagiere gereizt oder verärgert, wenn ich ein *Nein* als Antwort bekomme. Ich bin nicht bereit, mir das Bedürfnis auf andere Weise zu erfüllen.

Frage dich: Reagierst du auf ein *Nein* verärgert oder gereizt?

In einer konflikthaften oder angespannten Kommunikationssituation ist die Bitte eine Möglichkeit, eine Lösung vorzuschlagen, um die Bedürfnisse aller zu erfüllen. Das schließt das Betrachten der Bedürfnisse von beiden Seiten ein. Meistens bitten wir allerdings um die Erfüllung unserer eigenen Bedürfnisse, ohne die der anderen Person ergründet zu haben.

Die Verbindungsfrage ist die Form von Bitte, die mich in Verbindung bringt – mit mir und mit meinen Mitmenschen. Damit unterstütze ich mich und die andere Person, in angespannten Gesprächen herauszufinden, wie es ihr geht oder was sie braucht. Mir hilft es, tiefer mit der anderen Person in Verbindung zu kommen. Wenn ich das will.

Maria hatte sich entschlossen, ihre Tante Helga mit Verbindungsfragen besser zu verstehen, und sich auf die folgende Situation vorbereitet: Als sie anrief und die Tante sie mit »Na, lebst du noch?!« begrüßte, holte sie tief Luft.

Bevor Maria in die Rechtfertigungsfalle tappte, fragte sie: »Hallo, Helga, kann es sein, dass du sauer bist?« (Hier vermutet Maria das Gefühl ihrer Tante.)

Helga: »Hm, ja, kann schon sein. Weißt du, ich warte seit Tagen, dass du anrufst, so wie wir es ausgemacht hatten. Wenn du nicht anrufst, mache ich mir große Sorgen, dass was Schlimmes passiert sein könnte.«

Maria: »Du hast dir Sorgen um mich gemacht und brauchst Sicherheit, dass ich noch lebe?« (Maria wiederholte in fragender Haltung mit ihren Worten, was sie von ihrer Tante gehört hat.)

Helga: »Ja, habe ich.«

Maria: »Willst du wissen, wie es mir geht, wenn ich höre ›Na, lebst du noch‹?« (Sie formuliert die Beobachtung verknüpft mit der Verbindungsfrage.)

Helga: »Ich vermute, du freust dich nicht gerade über diese Frage, oder?«

Maria: »Ja, da liegst du richtig. Ich wüsste gerne, was wir anders machen können, damit du dich nicht sorgst und ich wieder mit Freude anrufen kann.«

Normalerweise hätte Maria nach diesem Einstieg versucht, das Gespräch so schnell wie möglich zu beenden. Durch die Verbindungsfragen entstand eine neue Qualität des Verstehens und Miteinanders. Und sie konnten darüber hinaus neue Wege finden, wie sie sich die Bedürfnisse nach Sicherheit, Verbindung und Gemeinschaft erfüllen konnten.

ÜBUNG ZU BITTEN ODER FORDERUNGEN

Mit dieser Übung findest du heraus, ob du eine Bitte oder eher eine Forderung im Kopf hattest. Im Downloadbereich zum Buch findest du eine zweite, vertiefende Übung, durch die du gezielt um dein Bedürfnis bittest.

Schritt 1: Erinnere dich an eine Situation, in der du eine Person um etwas gebeten hast und die Person mit einem *Nein* darauf reagiert hat. Das kann etwas Alltägliches gewesen sein, zum Beispiel:

Mach bitte das Fenster auf.

Bring den Müll runter.

Kannst du mich heute vom Bahnhof abholen?

…

Notiere deine Situation:

....

....

....

Schritt 2: Formuliere deine Beobachtung zur Situation.

Was genau hast du gesagt?
Wie lautete deine Formulierung?
Wie hat die andere Person reagiert?
Was genau hat die andere Person gesagt?
Welche Gedanken hattest du in diesem Moment?

....

....

....

Schritt 3: Erkunde dein Gefühl in dieser Situation:
Wo in deinem Körper spürst du dieses Gefühl?
Wie lautet dein Gefühlswort dafür?

....

....

....

Schritt 4: Verbinde dich mit deinem unerfüllten Bedürfnis:
Welches Bedürfnis war für dich in diesem Moment nicht erfüllt?

....

....

....

Schritt 5: Spüre nach, ob deine damals geäußerte Bitte eine Bitte im Sinne der GFK war oder ob du eine Forderung geäußert hast.
Notiere dir deine Erkenntnisse.

....

....

....

Vertiefung: Formuliere eine Verbindungsbitte, nachdem du das Nein von der anderen Person gehört hast. Du kannst fragen,
- was sie von dir gehört hat,
- wie es ihr jetzt geht,
- ob sie wissen will, wie es dir geht, wenn sie deiner Bitte nicht nachkommt.

Notiere dir deine Erkenntnisse.

....

....

....

Nutze die vier
Schritte der GFK
für dich

In den vorherigen Kapiteln hast du die Methode der *Gewaltfreien Kommunikation* kennengelernt. Mit den dort angebotenen Übungen konntest du bestimmt wichtige Erkenntnisse gewinnen. Nutze diese Erkenntnisse und bleibe dran, wenn du mehr Verbindung mit dir und deinen Mitmenschen haben möchtest. Probiere dich in einem geschützten Rahmen in kleinen Alltagssituationen aus. Dadurch sammelst du Erfahrungen, kannst dich ausprobieren, deinen persönlichen Gefühls- und Bedürfniswortschatz aufbauen und deine eigene *gewaltfreie* Sprache und Haltung entwickeln. Selbst wenn es dir nicht in jeder Situation gelingt: Lenke deinen Fokus auf die Momente, in denen du dich *gewaltfrei* ausdrücken und die Verbindung herstellen willst. Bleibe dran, es lohnt sich!

Du lernst durch das Tun. Es gibt über das Lernen eine wunderbare Geschichte von John Holt, abgedruckt in dem Buch *Hühnersuppe für die Seele*.[19] Darin beschreibt Holt seinen Weg, als er begann, Cello zu spielen. Richtig! Cello zu spielen, nicht spielen zu lernen. Es sagte, vermutlich würden andere sagen, er lerne, Cello zu spielen. Das bedeute aus seiner Sicht jedoch, dass er etwas bis zu einem gewissen Zeitpunkt lerne, um es irgendwann zu tun. Tatsächlich spiele er schon die ganze Zeit Cello.

Ebenso verhält es sich auch mit dem Erlernen der *Gewaltfreien Kommunikation*. Sobald du dich entscheidest, die vier Schritte in deiner Alltagskommunikation anzuwenden, entwickelt sich deine Haltung dazu. *Gewaltfrei* sprechen wirst du ab dem Moment, in dem du dich intensiv damit auseinandersetzt und dich in den vier Schritten ausdrückst und/oder bereit bist, deine Mitmenschen auf Basis der vier Schritte zu hören. Wie beim Cellospiel wird es sich für deine Mitmenschen ungewohnt anhören, vielleicht in ihren Ohren wehtun oder herausfordernd sein. Aber die Praxis macht die *Meisterin*.

In diesem Kapitel findest du weiterführende Übungen, um dich in verschiedenen herausfordernden alltäglichen Momenten *gewaltfrei* auszudrücken, in Verbindung zu kommen und zu bleiben. In Seminaren frage ich anfangs die Erwartungshaltung der Teilnehmenden ab. Sie sagen mir dann beispielsweise:

- »Ich möchte endlich einmal gehört werden mit dem, was mir wichtig ist!«
- »Ich möchte Nein sagen, ohne ein schlechtes Gewissen haben zu müssen!«
- »Ich möchte auf Augenhöhe kommunizieren!«
- »Ich mag keine Konflikte und möchte mehr Harmonie!«

- »Ich möchte nicht mehr ausflippen, sondern ruhig und überlegt handeln!«
- »Ich möchte Wut und Ärger auf andere Weise ausdrücken!«
- »Ich möchte verstehen, warum andere so und so reagieren!«

Warum hast du dir dieses Buch besorgt? Kommen dir einige dieser Aussagen bekannt vor?

Ich begann, mich mit der GFK zu befassen, als ich nach der Elternzeit meines zweiten Sohnes wieder ins Arbeitsleben einstieg. Für mich war das eine herausfordernde Zeit und ich hatte große Sorge, bei meinen Kindern etwas *kaputt* zu machen. Ich ertappte mich dabei, dass ich ungeduldig, ungerecht und unwirsch reagierte, wenn mir etwas nicht in den Kram passte, was häufig der Fall war. Ich meckerte lautstark mit mir selbst. Im Job und in anderen Lebensbereichen zwang ich mich zur Ruhe und zu einem fröhlichen Auftreten. Dies bestätigten die Reaktionen meiner Mitmenschen, die mir sagten, ich strahle Leichtigkeit und Fröhlichkeit aus. Es falle mir wohl leicht, Familie, Kinder, Alltag und Job unter einen Hut zu bringen. Aber in mir war Stress, Anspannung und beim kleinsten Anlass implodierte ich. Zu Hause explodierte ich. Für meine Familie war das anstrengend – und für mich auch.

Es gab unterschiedliche Situationen, die mich herausforderten und überforderten. Dann lernte ich die GFK kennen und dachte: »*Prima, die vier Schritte helfen dir und alles wird gut!*« Alles wurde nicht gut, aber besser. Gleichzeitig bin und bleibe ich mehr mit mir verbunden und mit dem, was ich brauche, und es gelingt leichter, die anderen auf empathische Weise anzunehmen. Für mich bedeutet es: üben, üben und nochmals üben.

Deshalb findest du in diesem Teil des Buches weitere Übungskapitel zu alltäglichen Situationen. Bleibe für einen Zeitraum deiner Wahl dabei und räume dir täglich ein paar Minuten ein. Dadurch entwickelst du deine persönliche GFK-Routine. Wichtig ist, dass du mit dir geduldig bleibst und dich so oft wie möglich mit deiner Absicht des Übens verbindest. Die Absicht, aus der heraus du übst, ist vermutlich dein unerfülltes Bedürfnis, das du in diesem Kontext hast. Wie bereits im Einführungsteil kannst du deine gewonnenen Erkenntnisse direkt hier im Buch notieren. Im Downloadbereich[20] findest du ergänzendes Übungsmaterial. Bediene dich!

Zu Beginn des Kapitels stelle ich dir den *Selbst-Einfühlungsprozess* auf Basis der vier Schritte vor. Für mich ist das der wichtigste Prozess überhaupt, um die eigenen Bedürfnisse herauszuarbeiten. Mit einem *Selbst-Einfühlungsprozess* praktizierst du *Gewaltfreie Kommunikation* mit dir selbst – im privaten und geschützten Rahmen.

In diesem Kapitel schaust du auch auf deine *inneren Stimmen*, die beitragen wollen, dass es dir gut geht, dass du weiterkommst oder wirksam bist, auf die *inneren Anteile*, die dich aus deiner Ruhe oder Mitte reißen. Außerdem schaust du dir gezielt deine *Trigger*, also Auslöser, an, die von außen kommen. Ein Trigger kann ein Satz, eine Aussage, ein Wort oder eine Geste sein. Durch das Erkennen dieser Auslöser findest du neue Wege und Strategien, wie du künftig in solchen Momenten die Verbindung zu dir selbst und zu deinen Mitmenschen halten kannst.

Wenn Ärger für dich ein Thema ist, findest du in diesem Teil des Buches Wege, deinen Ärger auszudrücken, ohne weitere Verletzungen zu provozieren. Außerdem schaust du darauf, wie du dem Ärger der anderen durch *Selbst-Einfühlung* begegnen kannst, ohne emotional einzusteigen.

Die *selbst-empathischen* Prozesse, die du in diesem Kapitel findest, helfen dir zuverlässig dabei, herausfordernde Situationen vor- beziehungsweise nachzubereiten. Im Akutfall ist es wichtig, Techniken zu kennen, über die du dich zentrieren oder beruhigen kannst. Dazu habe ich zwei Übungen beschrieben. Bei der ersten verbindest du dich gezielt mit deiner *inneren Mitte*. Diese Übung dient der inneren Stärkung. Mit der zweiten Übung verwandelst du starke Emotionen wie Wut, Schuld, Scham, Angst, Kummer oder Ekel und bringst dich emotional in Sicherheit.

Lies dir die Übungen durch und entscheide dann, ob du sie jetzt ausführen willst oder lieber zu einem späteren Zeitpunkt. Nicht jede Übung passt zu deiner aktuellen Situation. Spüre deinem Bedürfnis nach, das du dir durch die jeweilige Übung erfüllen magst. Achte besonders auf die Bedürfnisse *Schutz* und *Sicherheit* im Vergleich zu den Bedürfnissen *Wachstum* und *Entwicklung*.

WAS MICH MIT MIR VERBINDET: SELBST-EINFÜHLUNG

Die *Gewaltfreie Kommunikation* unterstützt dich dabei, mit dir selbst in Verbindung zu kommen. Die Verbindung zu dir selbst schafft Ruhe und Klarheit in dir. Du brauchst keine Lösungen für deine Probleme suchen, musst dich nicht erklären. Im Konfliktfall ist es wahrscheinlich, dass keine der Konfliktparteien mit sich selbst verbunden ist, geschweige denn mit der anderen Person. Es herrscht im Allgemeinen die Meinung vor, dass Konflikte gelöst werden müssen. Jetzt sofort. Häufig geht es darum, einen Schuldigen zu entlarven, in der Hoffnung, dass dadurch schnell eine Lösung gefunden wird und das Problem verschwindet.

Bei den meisten Konflikten war ich nicht mit mir verbunden. Nicht etwa, weil ich es nicht wollte, sondern weil es mir nicht bewusst war. Was nicht bedeutet, dass ich *Schuld* am Konflikt hatte. In der Reflexion vieler herausfordernder Momente erkenne ich, dass ich mir weder über meine Gefühle noch über meine Bedürfnisse klar war. Das verhinderte auch, dass andere wussten, was ich wollte oder brauchte. Umgekehrt wusste ich auch nicht, was meine Mitmenschen in diesen Momenten gebraucht hätten. Diese Unklarheit bringt eine Dynamik mit sich, die es allen Beteiligten erschwert, einen klaren Blick auf den Konflikt zu finden. Abstand gewinnen, innerlich, räumlich oder zeitlich, ist dann hilfreich. Aber wie, wenn man gerade voll drinsteckt im Streit?

Hier kommt die *Selbst-Einfühlung* ins Spiel. Den benötigten Abstand erzeuge ich, indem ich mich selbst in den Fokus nehme. Es gibt innere und äußere Faktoren, die mich daran hindern, mit mir selbst in Kontakt zu kommen. Einige davon habe ich inzwischen kennengelernt. Manchmal freiwillig, manchmal unfreiwillig. Dankbar bin ich trotzdem für alles, was ich auf diesem Weg über mich erfahre.

Selbst-Einfühlung ist ein Prozess, den du nutzen kannst, um dich mit dir selbst – also mit deiner Beobachtung, deinen Gefühlen, deinen erfüllten und unerfüllten Bedürfnissen und deiner Bitte in Verbindung zu bringen. Du wirst dir deiner Gedanken, Bewertungen oder Urteile bewusst, die du über dich selbst oder andere Menschen hast. In einem *Selbst-Einfühlungsprozess* verwandeln sich diese Urteile, Gedanken und Bewertungen durch den tiefen Kontakt zu deinen Gefühlen und Bedürfnissen in eine empathischere und mitfühlendere Sicht. Bei mir führt das gleichzeitig zu mehr Entspannung, Ruhe, innerer Gelassenheit und Klarheit in Bezug auf die anstehenden Schritte. Aber auch hier liegt der Fokus nicht darauf, zwingend eine Lösung für ein Problem zu finden. Das Ziel ist die Einfühlung in dich selbst.

Vielleicht denkst du jetzt: »*Im Alltag ist dafür kein Platz!*«, und es stellt sich dir die Frage: »*Wann soll ich mich denn auch noch in mich selbst einfühlen, bei allem, was zu tun ist?*« Aus meiner Sicht darf die Frage lauten: »*Was hindert mich daran, mich in mich selbst einzufühlen, und wie geht es weiter, wenn ich es nicht tue?*« Vielleicht sorgst du dich, wenn du Selbst-Einfühlung äußerst oder dir die Zeit dafür nimmst und andere »*Aufgaben*« dafür vernachlässigst, von anderen als egoistisch wahrgenommen zu werden, als unbequem oder eigenbrötlerisch zu gelten. Das Gegenteil ist der Fall. Der mitfühlende, empathische Blick auf dich selbst lädt fast automatisch dazu ein, gleichfalls mit anderen Menschen mitfühlender zu sein.

Ich bin inzwischen 51 Jahre alt und gedenke noch einige Jahrzehnte zu leben. Es ist wahrscheinlich, dass Menschen, die mich heute begleiten, in naher oder auch ferner Zukunft nicht mehr an meiner Seite sind. Aber eins ist sicher: Ich selbst werde immer mit mir sein, solange ich lebe. Deshalb erlaube ich mir, mich in allen möglichen Momenten meines Lebens in mich selbst einzufühlen. Anfangs schaffte ich es in einer akuten Stresssituation nicht, weil ich mich nicht an die vier Schritte erinnerte. Es überforderte mich sogar. Auf der einen Seite war Anspannung, Zeitdruck und ein ebenso angespanntes Gegenüber, was in mir einen ungeheuren Druck auslöste. Auf der anderen Seite sollte ich mir jetzt die Ruhe und die Zeit nehmen, mich in mich selbst einzufühlen? Das war mir anfangs echt zu viel.

Ich begann, in ruhigeren Momenten, in Übungsgruppen und GFK-Kursen solche Situationen in einem Selbst-Einfühlungsprozess zu beleuchten. Das hatte zur Folge, dass ich mich selbst besser kennenlernte und immer noch kennenlerne. Und heute? Wenn ich merke, dass ich jetzt sofort Selbst-Einfühlung brauche, aber weder Zeit noch Raum dafür in diesem Moment finde, erinnere ich mich daran, dass ich sie zu einem späteren Zeitpunkt nachholen kann. Ich nenne das *Selbst-Fürsorge*. Sie hilft mir, in der akuten Konfliktsituation ruhiger und entspannter zu werden, und gibt mir die Sicherheit, in Konflikten herauszufinden, was ich brauche.

Eine weitere wichtige Erkenntnis, die ich durch die Praxis der *Selbst-Einfühlung* erlangte, lässt mich zuverlässig Gutes entdecken, auch da, wo es hakt oder konflikthaft ist. Ich schaue nicht mehr nur auf das, was *schlecht* läuft, sondern nehme – wie von selbst – die erfüllten Bedürfnisse in den Blick. Zu erkennen, dass sich in herausfordernden Momenten Bedürfnisse erfüllen, wie zum Beispiel Gesehen-Werden, Wirksamkeit und Autonomie, hilft mir, versöhnlicher und liebevoller mit mir umzugehen.

Starte mit kleinen, alltäglichen Situationen. Ein *Selbst-Einfühlungsprozess* kann dir Klarheit bringen. Orientiere dich gerne an den Beispielen in diesem Kapitel, um die *Gewaltfreie Kommunikation* für dich erfahrbar zu machen.

Bei einem *Selbst-Einfühlungsprozess* geht es weder um Lösungen noch darum zu verstehen, wie sich die Situation für andere Beteiligte darstellt. Du stellst die Verbindung zu dir selbst und zu deinen Gefühlen und Bedürfnissen her. Das ist das Ziel. Es kann sein, dass sich daraus eine Lösung ergibt. Es kann aber auch sein, dass sich dir keine konkrete Lösung zeigt. Möglicherweise entwickelst du Ideen, was du verändern kannst, oder du findest heraus, wie du mit anderen Menschen in Verbindung kommst. Sei offen für das, was sich dir auf deinem persönlichen Weg zeigt. Er setzt ein gewisses Maß an Vertrauen in dich und Geduld mit dir selbst voraus. Vertraue darauf, dass du Erkenntnisse gewinnst, die dich unterstützen, und – vielleicht nicht sofort – sich mit der Zeit die Anspannung oder dein Ärger verändern und sich die Konflikte lösen. Manchmal geschieht das auch sofort.

Schlaftrunken öffne ich die Kaffeedose, um Kaffee zu kochen, und stelle fest, dass sie leer ist.

Kopfkino: Sofort schimpfe ich vor mich hin: »*Wer hat denn den Kaffee leer gemacht und nicht wieder aufgefüllt? Das ist rücksichtslos. Immer muss ich alles auffüllen!*«

Gefühl: Ich bin genervt und merke eine Spannung im Bauch.

Bedürfnis: Mein Bedürfnis nach Leichtigkeit ist überhaupt nicht erfüllt.

Kopfkino: »*Immer ich*«, schießt es mir weiter durch den Kopf. »*Das nervt total!!!*«

Gefühl: Ich nehme eine Schwäche in den Schultern wahr und fühle mich ratlos.

Beobachtung: Ich entscheide mich, innezuhalten, und schließe die Augen.

Bedürfnis: Ja, da ist das Bedürfnis nach Effizienz und das nach Leichtigkeit am Morgen. Beide sind nicht erfüllt.

Kopfkino: Wenn ich morgens mit halb geschlossenen Augen in die Küche gehe, um mir einen Kaffee zu kochen, dann möchte ich das einfach machen können.

Der Ärger nagt weiter an mir. Denn es schießen mir weiterhin Gedanken durch den Kopf wie: »Du hast gestern die Kaffeedose leer gemacht und hättest sie ja auch gleich auffüllen können, hast du aber nicht. Warum eigentlich nicht?«, frage ich mich selbst.

Bedürfnis: »Weil ich mir damit gestern das Bedürfnis nach Effizienz, Leichtigkeit und Wirksamkeit erfüllt habe«, gebe ich mir selbst die Antwort.

Beobachtung: Ein Schmunzeln geht durch mein Gesicht.

Gefühl: Ich spüre dem nach. Sofort nehme ich Leichtigkeit und Ruhe wahr. Die Spannung im Bauch lässt nach.

Beobachtung: Ich lächle.

Kopfkino: »Willst du jetzt den ganzen Tag mit dir selbst schimpfen oder dich um wichtigere Dinge kümmern?«, höre ich eine innere Stimme fragen.

Bedürfnis: Plötzlich ist Leichtigkeit und Ruhe erfüllt.

Mit einem Lächeln im Gesicht öffne ich den Vorratsschrank, greife ein Päckchen Kaffee, koche welchen und fülle die Dose auf.

MIT DER FOLGENDEN ÜBUNG LEITE ICH DICH DURCH DEINE ERSTE SELBST-EINFÜHLUNG AUF BASIS DER VIER SCHRITTE.

Meine Empfehlung ist, mit Bodenankerkarten zu üben. Du kannst dir dein persönliches Tanzparkett erstellen, indem du auf je ein Blatt Papier einen der vier Schritte schreibst. Außerdem erstellst du dir eine *Kopfkino*-Karte. Oder du bestellst bei den Erfinderinnen des Tanzparketts die offizielle Version.[21]

Wenn du dich lieber schriftlich in dich einfühlst, kannst du dir Notizen hier im Buch machen. Verweile bei dem jeweiligen Schritt etwas länger, als dein Kopf es dir erlaubt. Gestatte dir, tiefer in dich selbst einzutauchen. Im Downloadbereich findest du ein Übungsblatt, das du dir ausdrucken kannst, um weiterzuüben.

Wenn du dich mithilfe der Bodenankerkarten in dich einfühlen magst, lege sie mit etwas Abstand auf den Boden. Anfangs ist es ungewohnt, eine Situation auf diese Weise zu betrachten. Sie unterstützt dich aber dabei, die einzelnen Schritte in einem gesamten Prozess zu erspüren und gleichzeitig die Orientierung in der herausfordernden Situation zu behalten. Lege dir gerne die Gefühls- und Bedürfnisliste zurecht, die du im Anhang des Buches findest.

Nimm dir für deinen ersten *Selbst-Einfühlungstanz* circa 45 Minuten Zeit. Sorge dafür, dass du in dieser Zeit ungestört bist.

Und so geht's:

Erinnere dich an eine alltägliche Situation, in der du dich geärgert hast, genervt warst, frustriert warst oder dich auf andere Weise schlecht gefühlt hast. Vielleicht ist es auch eine Situation, in der du auf eine Weise agiert hast, die dir unangenehm ist.

Dein Kopfkino: Verbinde dich nun mit deinen Gedanken, Bewertungen, Urteilen oder Interpretationen, die du in dieser Situation über dich selbst oder eine andere Person hattest. Notiere, was dir durch den Kopf geht.

....

....

....

Schritt 1: Verbinde dich mit deiner Beobachtung.

Was konkret hast du gesagt, nicht gesagt, unterlassen oder getan? Möglicherweise hat eine andere Person etwas gesagt, nicht gesagt, unterlassen oder getan? Formuliere deine Beobachtung möglichst wertfrei. Du kannst dich dabei an Zahlen, Daten und Fakten zu dieser Situation orientieren. Notiere deine Beobachtung.

....

....

....

....

Schritt 2: Verbinde dich mit deinem Gefühl.

Wandere mit deiner Aufmerksamkeit durch deinen ganzen Körper. Wie fühlst du dich jetzt? Wo in deinem Körper nimmst du dieses Gefühl wahr? Spüre dort hin. Zeigt sich dir vielleicht noch ein anderes Gefühl? Wie lautet es? Du kannst es benennen oder umschreiben. Verweile hier, wenn es sich angenehm anfühlt. Wenn es sich unangenehm anfühlt, registriere dies ebenfalls. Notiere dir dein Gefühl.

....

....

....

....

Schritt 3: Verbinde dich mit deinem Bedürfnis.

Welches Bedürfnis ist jetzt erfüllt? Welches ist jetzt unerfüllt? Spüre für einen Moment nach. Notiere dir das Bedürfnis.

....

....

....

Wandere zurück zu deiner Beobachtung. Welches Bedürfnis war in der Situation erfüllt oder unerfüllt? Notiere dir das Bedürfnis.

....

....

....

....

Schritt 4: Verbinde dich mit deiner Bitte.

Ausgehend von deinen Bedürfnissen, bist du eingeladen, deine Bitte zu formulieren. Welche Strategie trägt zur Erfüllung deiner Bedürfnisse bei? Hast du eine Bitte an dich selbst? Hast du eine Bitte an eine andere Person? Du hast die Möglichkeit, Handlungs- und Verbindungsbitten zu äußern. Spüre nach, was du brauchst, damit sich dein Bedürfnis erfüllt. Notiere dir deine Bitte.

....

....

....

....

Notiere dir zum Abschluss deine Erkenntnisse.

....

....

....

....

MEINE INNERE STIMME UND ICH

Kennst du das auch? Da gibt es eine innere Stimme, die dich antreibt, die dir sagt, wie du etwas zu tun oder zu lassen hast. Wenn du dieser Stimme nicht folgst, dann fühlst du dich möglicherweise schlecht, unsicher oder klein. Diese Stimme ist mal lauter, mal leiser, und manchmal ist sie kaum wahrnehmbar. In meinem Fall ist diese Stimme häufig *ungeduldig, negativ, abwertend.* Manchmal *penibel* oder *pedantisch.* Sie kommt fast immer mit erhobenem Zeigefinger daher.

Zu Beginn meiner Selbstständigkeit war diese Stimme sehr laut. Es hatte sich vieles verändert und es gab viel zu tun. Neben der Neustrukturierung des Alltags kamen Ängste und Sorgen der Familie in Bezug auf unser Einkommen auf. Ich musste eine Website erstellen, einen Businessplan schreiben, Kunden gewinnen, Einnahmen generieren, Umsatz machen, Umsatzsteuererklärungen ausfüllen ... Meine *innere Antreiberin* – so nenne ich diese Stimme – peitschte mich durch mein Leben. Bis spätabends saß ich am Schreibtisch, gestaltete, überlegte, füllte aus und war getrieben. Wenn ich etwas abgeschlossen hatte, schrie sie noch lauter: *»Los, mach weiter, du musst noch das und das machen!«* Es gab keine Pausen, keine Ruhe und vor allem: Kein Ende war in Sicht. Von anderen Menschen hörte ich dann mit sarkastischem Unterton den Satz: *»Tja, so ist das halt. Selbst und ständig!«* Ich war genervt und angespannt. Also entschied ich mich dafür, dieser Stimme empathisch zu begegnen. Ich legte mir ein Tanzparkett mit den vier Schritten auf den Boden. Auf eine Karte schrieb ich den Satz: *»Du musst ...!!!«* Es folgte ein *Selbst-Einfühlungsprozess.* Ich erkannte, dass mich diese Stimme unterstützten wollte. Ihr war wichtig, dass ich die anstehenden Aufgaben im Blick behalte, besser verstehe, was ich mache, und erfolgreich damit bin. Plötzlich hörte ich weitere innere Stimmen: eine *Kreative,* eine *Ruhige,* eine *Ungeduldige,* eine *Träumerin* und eine *Kleine.* Diese Stimmen habe ich vorher nicht hören können. Die *Antreiberin* war so laut und schrill in ihren Befehlen gewesen, dass sie alle anderen Stimmen übertönte.

Dank des *Selbst-Einfühlungsprozesses* wurde ich mir dieser inneren Anteile bewusst. Ich habe mich durch meine laute innere Stimme mit meinen Gefühlen und Bedürfnissen verbunden. Da gab es die unerfüllten Bedürfnisse nach *Unterstützung, Beitragen, Gesehen-Werden, Wirksam-Sein*. Es waren Gefühle wahrnehmbar von *Alleinsein, Hilflosigkeit, Angst vor Versagen und Gelähmt-Sein, Feststecken, Verzweiflung* und *Überforderung*.

Meiner lauten inneren Stimme zuzuhören, hat mir dabei geholfen, mit mir in Kontakt zu bleiben. Auch den anderen Stimmen in mir habe ich Gehör verschafft, sie lauter werden lassen und mich durch sie mit meinen Gefühlen und Bedürfnissen verbunden. Heute bin ich diesen inneren Anteilen dankbar. Denn ich habe erkannt, dass sie mich unterstützen wollen und weiterbringen. Manchmal zwingen sie mich auch zur Ruhe. Wenn die *Antreiberin* wieder lauter wird, nehme ich das inzwischen früher wahr und höre zu, was sie mir sagen will. Dadurch komme ich auf neue Strategien und Lösungen für die jeweilige Situation.

Mit der folgenden Übung lernst du deine *inneren Anteile* näher kennen, machst sie dir bewusst und kannst sie nutzen, anstatt dich von ihnen durch die Gegend kommandieren zu lassen. Das hilft dir, Verantwortung für deine Gefühle und Bedürfnisse zu übernehmen und im Einklang mit deinen Werten zu handeln. Eins ist klar: Diese inneren Stimmen sind zu deiner Unterstützung da.

ÜBUNG: MEINE INNERE STIMME HÖREN UND VERWANDELN

Und so geht's:

Denke an eine Situation, in der du dir *gehetzt, fremdbestimmt* oder *bevormundet* vorkommst, ohne dass eine andere Person daran beteiligt ist. Das kann zum Beispiel sein, wenn du *immer* freitags den Hausputz oder Wocheneinkauf erledigst oder abends erst das Büro verlässt, wenn du *alle* E-Mails beantwortet hast.

Kopfkino: Was sagst du zu dir in diesem Moment? Welche Bewertungen, Urteile oder Befehle gibst du dir selbst? Notiere dir alles, was dir einfällt.

....

....

Schritt 1: Beobachtung

Wie genau lautet der Satz, den du zu dir sagst? Formuliere ihn so, als hättest du ihn von einer anderen Person gehört, zum Beispiel: »*Ich höre, ich muss freitags einkaufen gehen!*« Oder: »*Erst wenn du alle E-Mails beantwortet hast, darfst du nach Hause gehen!*« Notiere die Beobachtung.

....

....

....

....

Schritt 2: Gefühl

Wie geht es dir, wenn du diesen Satz hörst? Wo in deinem Körper spürst du dieses Gefühl? Notiere es und das, was du im Körper wahrnimmst.

....

....

....

....

Schritt 3: Bedürfnis

Welches Bedürfnis erfüllt sich in diesem Moment? Notiere dein erfülltes Bedürfnis.

....

....

....

....

Erneut Schritt 2: Gefühl

Wie geht es dir, wenn du erkennst, dass du dir das Bedürfnis erfüllst? Was spürst du und wo in deinem Körper zeigt sich das Gefühl? Notiere es und das, was du im Körper wahrnimmst.

....

....

....

....

Erneut Schritt 3: Bedürfnis

Welches Bedürfnis ist in diesem Moment unerfüllt? Notiere dein unerfülltes Bedürfnis.

....

....

....

....

Erneut Schritt 2: Gefühl

Wie geht es dir, wenn du erkennst, dass das Bedürfnis unerfüllt ist? Was spürst du und wo in deinem Körper zeigt sich das Gefühl? Notiere es und das, was du im Körper wahrnimmst.

....

....

....

....

Verweile für einen weiteren Moment an dieser Stelle, da du erkennst, dass sich Bedürfnisse gleichermaßen erfüllen und nicht erfüllen.

Schritt 4: Bitte

Ausgehend von den verschiedenen Gefühlen und erfüllten wie unerfüllten Bedürfnissen formuliere deine Bitte an dich oder deine innere Stimme. Notiere deine Bitte.

....

....

....

....

Vertiefung

Wenn du bereit bist, dann wende dich deiner inneren Stimme erneut zu:

Danke ihr dafür, dass sie dich seit Jahren begleitet.

Zeige ihr, dass du sie dafür schätzt, dass sie immer bei dir ist.

Sage ihr gleichzeitig, dass du dir einen anderen Umgang mit dir wünschst und du dir jetzt – genau aus diesem Grund – eine Erinnerung erschaffst, die dich künftig daran erinnert. Diese Erinnerung kann ein Bild sein, das du malst, ein Gegenstand, den du an prominenter Stelle platzierst, oder eine Affirmation – also ein positiv formulierter Satz.

Lege dir dein Erinnerungselement an eine Stelle, wo du im Alltag immer wieder einen Blick hinwirfst.

Notiere dir zum Abschluss deine Erkenntnisse.

....

....

....

....

MEINE TRIGGER UND ICH

Trigger sind Auslöser. Sie bringen dich aus deiner Ruhe, deiner inneren Mitte. Du regst dich auf, wenn du auf einen *Trigger* reagierst. Wenn du einen Vorwurf, ungerechtfertigte Kritik oder einen anderen Angriff hörst, sind das für dich *Trigger.* »*Er wusste genau, welche Knöpfe er bei mir drücken musste, damit ich ausflippte*«, sagte eine Teilnehmerin über einen Kollegen. Sie war verzweifelt, weil diese Knöpfe bei ihr automatisch zu einer Verteidigungsreaktion führten. Sie rechtfertigte sich und redete sich dabei um Kopf und Kragen. Natürlich wusste sie im Nachhinein genau, wie sie idealerweise hätte reagieren können.

Bedauerlicherweise funktionieren diese *Triggerknöpfe* äußerst zuverlässig. In Bruchteilen von Sekunden entsteht Stress. Körperlicher Stress und psychischer Stress. Der Stress verhindert die Verbindung zu dir selbst, zu deinen Gefühlen und Bedürfnissen. Stressreaktionen sind eigentlich dazu da, uns vor Gefahren zu schützen. Wenn wir unter Stress geraten, erhöht sich der Herzschlag, der Blutdruck steigt, die Schweißproduktion wird angeregt, unser Gehirn wird mit Stresshormonen geflutet und die Wahrnehmung verengt sich. Der Fokus liegt in diesen Momenten auf dem Stressor, dem Auslöser. Es gelingt so gut wie nicht, den Blickwinkel zu erweitern. Die körperlichen Reaktionen dienen dazu, die Gefahrenquelle zu erkennen, im Blick zu behalten und das eigene Überleben zu sichern. Die darauffolgenden evolutionären Reaktionsmuster sind: Kampf, Flucht oder Tot-Stellen. Bis heute funktionieren unsere Gehirne nach diesem Überlebensmuster. Dein und mein Gehirn bewerten Stress auf dieselbe Weise. Da hat sich – noch – nicht viel verändert. Wenn eine Person deinen *Triggerpunkt* drückt – bewusst oder unbewusst –, entsteht derselbe Stress im Gehirn, und das führt dazu, dass du entweder kämpfst, flüchtest oder dich tot stellst.

In einer Kommunikationssituation zeigt sich der Kampfmodus beispielsweise dadurch, dass ich ein Argument nach dem anderen liefere. Die andere Person muss doch begreifen, dass ich recht habe. Wenn ich genug rede und Argumente anbiete, wird sie es schon verstehen. In einem Gespräch flüchte ich, indem ich den Raum verlasse, wenn ich merke, es wird eng. Oder ich wechsle das Thema oder fange an, Geschichten aus meinem Leben zu erzählen. Wenn ich mich tot stelle, dann schweige ich, um es nicht noch schlimmer zu machen, und hoffe, dass sich die Sachlage irgendwie klärt. Ich warte ab, bis das Gewitter vorübergezogen ist, und mache dann da weiter, wo ich vorher aufgehört habe.

In den meisten Alltagskonflikten geht es glücklicherweise nicht um das *nackte Überleben*. Mit der *Gewaltfreien Kommunikation* gelingt es, die evolutionären Verhaltensmuster zu durchbrechen und die Situation auf reflektierte Weise zu gestalten. Durch die vier Schritte entzerre ich die Situation. Ich kann dann meine Gefühle und Bedürfnisse in den Blick zu nehmen und dadurch die Verbindung zu mir selbst und den anderen herstellen.

Die Schritte der GFK helfen dir dabei, der Stress-Reaktions-Falle zu entkommen, indem du den Fokus auf deine unerfüllten Bedürfnisse lenkst. Du kannst jederzeit den Auslöser in eine Beobachtung umwandeln, dich mit deinen Gefühlen und Bedürfnissen verbinden und damit die Verbindung zu dir selbst herstellen. Die Wahrnehmung ändert sich erfahrungsgemäß, wenn man erkennt, was man selbst oder die andere Person braucht. Statt recht haben zu wollen, geht es zum Beispiel um das Bedürfnis, gesehen zu werden, beizutragen oder um Unterstützung.

Mit der Zeit wird es dir gelingen, die Auslöser als Auslöser wahrzunehmen und sie zu verwandeln. Interessanterweise verschwinden sie mit der Zeit oder tauchen seltener auf. Wie bei den inneren Anteilen hilft es, sich der Triggerpunkte bewusst zu werden, um sie zu erkennen. Ein Trigger kann ein Wort, eine Geste, eine Mimik oder die Statur einer Person sein. Im Downloadbereich findest du ein Beispiel zu einem meiner persönlichen Trigger, den ich dank der vier Schritte auf wunderbare Weise loswurde.

Es gibt Auslöser, über die du dich ärgerst, bei anderen bist du vielleicht sprachlos, schockiert, gelähmt oder genervt. In allen diesen Fällen bist du nicht mehr in deiner inneren Mitte. Dir deiner Trigger bewusst zu werden, ist ein weiterer Schritt auf dem Weg zur *Gewaltfreien Kommunikation* im Alltag. Mit der folgenden Übung kommst du deinen Triggern auf die Spur. Auslöser kommen in leicht abgewandelter Verkleidung oder plötzlich, wie aus dem Nichts, daher und machen es deshalb im Alltag schwerer, die Verbindung zu sich selbst und den Mitmenschen zu halten.

ÜBUNG: MEINEN TRIGGERN AUF DIE SPUR KOMMEN

Beschreibung der Übung:

Schreibe dir drei persönliche Trigger-Sätze, Trigger-Worte oder Trigger-Gesten auf, die dich aus deiner Ruhe bringen. (Zum Beispiel: »*Ich erkläre einer Person etwas und sie wehrt mich ab, indem sie die Augen verdreht und nicht mehr zuhört.*«)

Trigger 1:..

Trigger 2:..

Trigger 3:..

Wähle einen der Trigger aus, mit dem du jetzt weiterübst.

Schritt 1: Notiere den Trigger in Form einer Beobachtung,

zum Beispiel: »*Hans rollt mit seinen Augen und dreht den Kopf zur Seite.*«

....

....

Schritt 2: Spüre, welches Gefühl in dir lebendig ist. Wo genau in deinem Körper kannst du es spüren? Wie lautet das Gefühl?

....

....

Schritt 3: Erforsche, welches Bedürfnis durch diesen Trigger bei dir unerfüllt ist.

....

....

Schritt 4: Formuliere deine Bitte und überlege eine Strategie, die zur Erfüllung deines Bedürfnisses beiträgt, damit es dir wieder besser geht.

....

....

Notiere deine Erkenntnisse.

....

....

....

WAS UNS VERBINDET, AUCH WENN WIR UNS ÄRGERN

Ärger ist ein starkes Gefühl. Aus Sicht der *Gewaltfreien Kommunikation* stellt Ärger die Vermischung unserer Gefühle mit unseren Gedanken und Bewertungen dar. Ärgere ich mich, bin ich im Kopf. Ich höre dann meinen Urteilen über mich oder anderen zu. Die unter meinem Ärger liegenden Gefühle und unerfüllten Bedürfnisse nehme ich in diesem Moment nicht wahr. In der GFK nennen wir Ärger und Wut *Sekundärgefühle,* da wir die darunterliegenden *Primärgefühle* wie beispielsweise Trauer, Enge, Angst nicht spüren. Ärger ist dagegen deutlich spürbar. Er zeigt sich dir auf unterschiedliche Weise. Es gibt Momente, da könntest du die Wände hochgehen, dir schwillt dann der Kamm an oder dir platzt der Kragen.

Es gibt Menschen, die scheinen keinen Zugang zu ihrem Ärger zu haben. *»Ärger? Nö, ich ärgere mich nicht«,* höre ich von Kursteilnehmenden. Ob sich diese Menschen nicht trauen, ihren Ärger auszudrücken, ist unklar. Viele befürchten vielleicht, den Ärger auf eine Weise auszudrücken, die anderen Angst macht oder sie verletzen könnte. Die meisten Menschen, die ich kenne, haben es nicht gelernt, ihren Ärger bedürfnisorientiert auszudrücken.

Andere zu beschuldigen und dafür verantwortlich zu machen, dass es einem jetzt schlecht geht, und dies auf eine beschämende, verurteilende und bewertende Weise, ist die im Alltag häufig gewählte Ausdrucksform von Ärger. Das Wissen, dass Ärger eine Situation noch mehr verschlimmert, hindert viele Menschen davor, ihren Ärger auszudrücken. Wird jemand ärgerlich oder wütend, stellt das häufig einen starken Auslöser dar, dass außer Flucht, Kampf oder Tot-Stellen kein anderer Umgang mehr möglich scheint.

Der buddhistische Mönch Thích Nhất Hạnh sagt, es sei hilfreich, Wut und Ärger wahrzunehmen und sich dieser Emotion fürsorglich zu widmen. Es sei nützlich, die Gefühle in Worten auszudrücken.[22] »*Ich bin wütend, verärgert und ich weiß, dass es so ist.*« Um den Ärger wahrzunehmen und ihm Fürsorge angedeihen zu lassen, braucht es Vertrauen und Übung. Übung trägt dazu bei, die Angst vor dem eigenen Ärger zu verlieren und aus dem Teufelskreis der Selbst-Verachtung und Selbst-Verurteilung auszusteigen.

In diesem Kapitel schauen wir auf deinen Ärger. Darauf, wie du mit deinem Ärger auf Basis der *Gewaltfreien Kommunikation* umgehen kannst. Außerdem findest du Impulse, wie du für dich sorgen kannst, wenn andere Menschen in deiner Gegenwart wütend und ärgerlich sind.

Ärger ist eine körperliche Reaktion, ein Gefühl und das blitzschnelle Verknüpfen von Urteilen oder Bewertungen. Ebenso wie bei den Triggern entsteht Stress. Neurobiologische Forschungen zeigen, dass schmerzhafte Auslöser das Schmerzzentrum in unserem Gehirn aktivieren. Egal, ob es sich dabei um einen körperlichen oder einen verbalen Angriff handelt. Die Stelle im Gehirn ist dieselbe. Das Mischen des Auslösers mit Bewertungen, Gedanken oder Interpretationen macht wütend oder ärgerlich. Du bist dann im *richtig/falsch*-Modus. Bei Ärger geht es darum, anderen die Schuld zu geben dafür, dass es uns jetzt schlecht geht. Allerdings geben wir damit die Verantwortung für die eigenen Gefühle und Bedürfnisse ab.

→ Die *Gewaltfreie Kommunikation* sieht Ärger als tragischen Ausdruck unerfüllter Bedürfnisse.

Ausgehend von dieser Grundannahme gelingt es leichter, aus dem *richtig/ falsch*-Denken und den Schuldzuweisungen auszusteigen. Marshall Rosenberg sagte: Indem wir andere verurteilen, tragen wir zur Gewalt bei.[23] Deshalb ist es so wichtig, sich mit dem eigenen Ärger und dem der anderen zu befassen – um einen empathischeren und liebevolleren Umgang mit sich selbst und seinen Mitmenschen zu pflegen.

Ärger als Warnsignal zu sehen, hilft, die Angst davor zu verlieren. Erfahrungsgemäß funktioniert es nicht, wenn ich mir sage: »*Jetzt ärgere dich nicht darüber!*«, und versuche, auf diese Weise den Ärger wegzuschieben. Ihn stattdessen als Hinweis zu sehen, macht es leichter, dem Ärger Raum zu geben und ihn in Form von Gefühlen und Bedürfnissen wahrzunehmen und auszudrücken.

Anette ärgerte sich. Es war Samstagmorgen und sie hatte einiges vor. Wie üblich fuhr sie mit dem Rad zum Bäcker, um die Brötchen für die Familie zu holen. Beim Bäcker war an diesem Samstag eine lange Schlange und sie wartete länger als sonst. Das ärgerte sie, denn bereits in einer Stunde hatte sie einen Termin, und bis dahin wollte sie in Ruhe mit der Familie gefrühstückt haben. Wenn es hier jetzt länger dauerte als eingeplant, wäre der ganze Zeitplan dahin. Sie entschied sich, ihren Ärger anzunehmen und sich ihm fürsorglich in der Warteschlange zu nähern. Die Bedürfnisse *Selbst-Bestimmung*, *Leichtigkeit* und *Weiterkommen* waren unerfüllt. Außerdem fehlte ihr zu Hause *Unterstützung*, stellte sie fest. Es wäre schön gewesen, wenn jemand anders aus der Familie die Brötchen geholt hätte. Anette wurde traurig. Ja, das war es: Ihr fehlte *Unterstützung*. Sie entschied sich dafür, diese Erkenntnis ihrer Familie in Form eines *Selbst-Ausdrucks* mitzuteilen. Als sie nach Hause kam, bat sie ihre Familie darum, ihr zuzuhören, und sagte: »*Ich habe mich heute Morgen geärgert. Beim Bäcker hat es länger gedauert als eingeplant und ich wollte mit euch in Ruhe frühstücken. Als ich in der Warteschlange stand, fiel mir auf, dass mir Unterstützung fehlt und dass ich darüber traurig bin … Kann mir einer von euch sagen, was er von mir gehört hat?*«, schloss sie ihren *Selbst-Ausdruck* mit einer *Verbindungsfrage*. Ihr Mann und eines ihrer Kinder gaben wieder, was sie gehört hatten. Für Anette war dies eine neue Erfahrung der Verbindung mit der Familie. Auch ohne dass die Familie in GFK trainiert war, gelang es ihnen, sie mit ihren Gefühlen und Bedürfnissen zu sehen. Mit dem *Selbst-Ausdruck* in Kombination mit der *Verbindungsfrage* drückte Anette ihren Ärger auf eine Weise aus, dass bei ihrer Familie keine Vorwürfe oder Schuldzuweisungen gehört wurden.

Die folgende Schlüsselunterscheidung[24] hilft dir zu unterscheiden, wie Ärger im Alltag normalerweise ausgedrückt wird und wie es auf Basis der GFK möglich ist.

SCHLÜSSELUNTERSCHEIDUNG ZWISCHEN WUT UND ÄRGER MORALISCH AUSDRÜCKEN UND WUT UND ÄRGER EMPATHISCH AUSDRÜCKEN

Wut/Ärger moralisch ausdrücken: Ich sage, was ich denke, und beschuldige mich oder andere.

Hilfreiche Frage: Beschuldige ich mich oder andere?

Wut/Ärger empathisch ausdrücken: Ich beschreibe meine Beobachtung, meine Gefühle und teile mein unerfülltes Bedürfnis mit (eventuell nach einem Selbst-Einfühlungsprozess). Das heißt, ich übernehme Verantwortung für meine Gefühle von Wut/Ärger.

Hilfreiche Frage: Übernehme ich Verantwortung für meine Gefühle? Bin ich bereit, meine Gefühle und Bedürfnisse mitzuteilen?

Dein Ärger blockiert dich oder lässt dich schlecht schlafen. Du reagierst in unterschiedlichen Situationen auf unterschiedliche Weise. Es gibt sicherlich Momente, da würdest du am liebsten platzen, wegrennen oder zuschlagen. Deine Reaktion ist abhängig davon, über wen oder was du dich ärgerst. Keine der Reaktionen hilft dir dabei, dich zu entspannen und die Verbindung mit dir und deinem Gegenüber herzustellen. Je nach Intensität besteht die Gefahr, dass die Beziehung dauerhaft angeknackst ist. Ärger nicht auszudrücken, ist dabei keine Alternative. Das führt eher dazu, dass du den Ärger nach innen oder gegen dich selbst richtest.

Unter deinem Ärger können Gefühle wie Angst, Trauer oder Hilflosigkeit liegen. Bei vielen Menschen ist der Ärger über sich selbst ein echtes Ärgernis. *»Ich ärgere mich über mich selbst, dass ich das gesagt/getan habe.«* Sich selbst für die ärgerliche Reaktion fertigzumachen, hilft ebenfalls nicht dabei, den Ärger aufzulösen oder zu verwandeln.

Ich bin meinem Ärger heute dankbar. Er erinnert mich zuverlässig daran, dass sich mindestens eins meiner Bedürfnisse im Mangelzustand befindet. Bei der folgenden Übung schaust du nach dir und deinem Ärger und danach, wie du mit dir selbst umgehst, wenn du dich ärgerst.

ÜBUNG: MEIN ÄRGER UND ICH

Denke an eine Situation, in der du dich geärgert hast. Über dich, über andere, über eine Sache. Denke auch an solche Situationen wie zum Beispiel:

- Dir ist etwas heruntergefallen und kaputtgegangen.
- Du hast einen Termin vergessen.

Schritt 1: Trenne deine Bewertungen von deiner Beobachtung. Höre dir selbst zu: Was sagst du zu dir/was denkst du über dich, wenn du dich ärgerst? Wie lauten deine Bewertungen über dich selbst? Schreibe sie auf. Ich sage zu mir/Ich denke über mich:

....

....

Schritt 2: Formuliere deine Beobachtung zur Ärgersituation. Was genau ist passiert, nicht passiert, wurde gesagt, getan, unterlassen ...?

....

....

Schritt 3: Spüre, welches Gefühl in dir lebendig ist. Wo in deinem Körper kannst du es wahrnehmen? Beschreibe es.

....

....

Schritt 4: Wie lautet dein unerfülltes Bedürfnis? Gibt es auch ein erfülltes Bedürfnis, das du erkennst?

....

....

Notiere dir deine Erkenntnisse.

....

....

DER ÄRGER DER ANDEREN UND ICH

Im vorigen Abschnitt hast du dich mit dir verbunden, wenn *du* dich ärgerst. Jetzt geht es darum, wie du die Schritte der *Gewaltfreien Kommunikation* anwenden kannst, um mit dir verbunden zu bleiben, wenn sich *eine andere Person* in deiner Gegenwart ärgert. Ob über dich, über sich selbst, eine dritte Person oder irgendetwas, spielt dabei keine Rolle.

Für die meisten Menschen ist es bedrohlich, wenn eine andere Person ihrem Ärger freien Lauf lässt oder wütend wird. Durch Angst verfallen die meisten Menschen in eins der Reaktionsmuster Kampf – Flucht – Tot-Stellen. Um dein Verhalten im *Ärger-Akutfall* zu erkunden, habe ich eine weiterführende Übung beschrieben. Du schaust darin auf dein Verhalten, wenn in deiner Gegenwart jemand ausflippt.

Das eigene Reaktionsmuster zu erkennen, kann ein Schlüssel sein. Dadurch bist du in der Lage, dich bewusster zu entscheiden, wie du handeln möchtest. Die Handlungsmuster Flucht, Kampf und Tot-Stellen sind dann nützlich, wenn du merkst, dass es dir zu eng wird, zu bedrohlich und du Sicherheit brauchst – sei es, weil du dich physisch schützen möchtest, sei es, weil du die Beziehung schützen möchtest. Zur Erinnerung: Ärger ist ein Ausdruck unerfüllter Bedürfnisse. Meist ist mindestens ein Bedürfnis schon längere Zeit im Mangel. Die Person, die sich ärgert, findet bedauerlicherweise keine bessere Strategie, um auf ihre unerfüllten Bedürfnisse aufmerksam zu machen.

Aber jetzt wieder zurück zu dir und zur weiterführenden Übung, durch die du dich mit deinen Gefühlen und deinem unerfüllten Bedürfnis verbindest. Das Bedürfnis hilft dir, eine Strategie zu finden, um handlungsfähig zu bleiben und gleichzeitig die Sicherheit herzustellen, die du brauchst. Marshall Rosenberg sagte, es sei wichtig, dass wir uns zuerst selbst mit Empathie versorgen, bevor wir uns anderen Menschen empathisch nähern. Diesen Gedanken finde ich wohltuend und unterstützend, denn dann übernehme ich Verantwortung für mich. Ich *beauftrage* mich, mir selbst einfühlsam zu begegnen, um herauszufinden, was ich in einer Ärger-Akutsituation brauche. Erst, wenn mir dies gelungen ist, werde ich offener für den empathischen Umgang mit anderen. Ob ich mich dann empathisch nähere, entscheide ich je nach Situation. Deshalb ist es gut zu wissen, welches Bedürfnis bei dir unerfüllt ist, wenn andere Menschen wütend oder ärgerlich in deiner Gegenwart werden, um zu entscheiden, was du brauchst und was du bereit bist zu geben. Schutz, Verbindung oder Empathie? Die Entscheidung liegt bei dir.

Die folgende Übung unterstützt dich, dir selbst empathisch zu begegnen und dich mit deinen Gefühlen und Bedürfnissen in einer Ärgersituation zu verbinden.

ÜBUNG: SELBST-EINFÜHLUNG, WENN SICH DER ANDERE ÄRGERT

Schritt 1: Erinnere dich an eine Situation, in der eine andere Person wütend oder ärgerlich war – auf dich oder auf eine weitere Person. Beschreibe diese Situation.

....

....

....

Schritt 2: Formuliere deine Beobachtung.
Was genau sagte die verärgerte Person? Kannst du eine Geste oder Bewegung, die Ärger beziehungsweise Wut ausdrückte, benennen?

....

....

....

Schritt 3: Verbinde dich mit deinem Gefühl.
Was hast du in diesem Moment gefühlt? Wo in deinem Körper hast du das Gefühl gespürt?

....

....

....

Schritt 4: Was ist dein Reflex?

Welches der drei Reaktionsmuster kannst du dabei bei dir erkennen? Flucht, Kampf, Tot-Stellen?

Notiere dein reflexartiges Verhalten.

....

....

Schritt 5: Verbinde dich mit deinem erfüllten Bedürfnis.

Welches Bedürfnis erfüllt dir dein reflexartiges Verhalten?

....

....

Schritt 6: Verbinde dich mit deinem unerfüllten Bedürfnis.

Welches Bedürfnis ist in der Ärgersituation nicht erfüllt?

....

....

Schritt 7: Verbinde dich mit deiner Bitte.

Gibt es eine Bitte, die du an dich oder eine andere Person richten möchtest? Du kannst eine Handlungs- oder eine Verbindungsbitte äußern.

....

....

Notiere deine Erkenntnisse.

....

....

VERTIEFENDE ÜBUNGEN UND SELBST-FÜRSORGE

Die folgenden beiden Übungen kannst du nutzen, wenn du einen starken Auslöser hattest und dich wieder mit dir verbinden willst. Möglicherweise hast du einen *Selbst-Einfühlungsprozess* durchlaufen und bist immer noch aufgewühlt. Auch dann kann dich die Übung *Meine innere Mitte* oder die Technik des *Self-Havening* dabei unterstützen, wieder ruhiger und ausgeglichener zu werden. Mit diesen Übungen praktizierst du aktive Selbst-Fürsorge, die dich in allen möglichen Lebenslagen unterstützt.

ÜBUNG: MEINE INNERE MITTE

Verbinde dich dann mit deiner inneren Mitte, wenn du den Eindruck hast, du bist herausgerissen und brauchst Ruhe, Sicherheit oder Schutz und Verbindung mit dir selbst. Du kannst sie ebenfalls zur Vorbereitung herausfordernder Gespräche durchführen, um aus der Kraft deiner Klarheit heraus zu handeln und die Verbindung mit dir selbst zu vertiefen.

So geht's: Für diese Übung brauchst du einen Schal oder ein Seil, das du kreisförmig auf den Boden legst. Der Durchmesser beträgt circa einen Meter. Erstelle eine Bodenankerkarte mit einem Bedürfnis- oder Gefühlsbegriff wie zum Beispiel *Ruhe, Kraft, Gelassenheit* oder *Entspannung*.

Phase I: Stelle dich an den Rand des Kreises. Spüre nach, wie es dir dort geht. Welches Gefühl nimmst du wahr? Wo in deinem Körper kannst du es wahrnehmen?

Phase II: Stelle dich jetzt in den Kreis an eine Stelle deiner Wahl. Welches Gefühl nimmst du wahr? Wo in deinem Körper kannst du es wahrnehmen? Spüre nach, wie es dir dort geht.

Phase III: Lege die von dir vorbereitete Bodenankerkarte in die Mitte des Kreises und stelle dich dazu oder darauf.

Spüre nach, wie es dir dann dort geht. Welches Gefühl nimmst du wahr? Wo in deinem Körper kannst du es wahrnehmen?

Wenn du den Impuls zu einer Bewegung hast, die das Gefühl des Zentriert-Seins in dir verstärkt oder verankert, gehe dem nach.

Notiere deine Erkenntnisse.

....

....

HAVENING

Havening bedeutet, jemanden in einen sicheren Hafen zu bringen. Mit dieser Übung bringst du dich selbst in *deinen* sicheren Hafen. Die *Self-Havening* Technik® wurde von Dr. Ronald A. Ruden[25] für die Arbeit mit traumatisierten Menschen entwickelt. Ich habe sie bei Simone Anliker[26] kennengelernt. Du musst nicht traumatisiert sein, um diese Methode anzuwenden. Sie ist auch bei starken Triggern anwendbar, um dich selbst zu beruhigen und wieder in einen ausgeglichenen Zustand zu kommen. Die Erfahrung zeigt, dass *Havening* auch bei unangenehmen Gefühlszuständen genutzt werden kann. Durch ruhige, sanfte Streichelbewegungen wird dein Gehirn angeregt, beruhigende Botenstoffe und Hormone zu produzieren, die dich merklich ruhiger werden lassen.

Beim *Havening* streichelst du von dir selbst gewählte Regionen deines Körpers:

1. Streichle beispielsweise mit gekreuzten Armen mit den Händen von den Schultern zu den Ellbogen. Ganz sanft.
2. Oder du streichst dein Gesicht mit sanften Bewegungen aus. Von der Nase über deine Wangen nach unten zum Kinn, von dem Punkt zwischen deinen Augen über deine Stirn.
3. Du kannst auch deine Hände sanft aneinanderreiben, als würdest du sie mit Seife unter Wasser waschen.

Probiere aus und finde die Bewegung, die passend, angenehm und beruhigend für dich ist.

ÜBUNG: VERWANDELN INTENSIVER EMOTIONEN MIT HAVENING

Im Downloadbereich zu diesem Buch findest du eine gesprochene Anleitung zur *Havening-Technik*.

1. Erinnere dich an eine Situation, in der du intensive Emotionen erlebt hast, wie Wut, Schuld, Scham, Trauer, Schmerz, Abscheu und so weiter.

2. Bewerte deinen Leidensdruck in dieser Situation auf einer Skala von 0 bis 10. 0 bedeutet: Du hattest keinen Leidensdruck. 10 bedeutet: Du hattest einen sehr starken Leidensdruck.

3. Beginne mit dem *Self-Havening*, indem du über die von dir gewählte Körperregion ruhig und mit leichtem, angenehmem Druck streichst. Führe das *Havening* für die gesamte Dauer dieser Übung fort.

4. Komme wieder zurück zu deinem Gefühl, während du das *Havening* ausführst. Sage entschlossen, aber liebevoll zu dir selbst: »*Ich agiere nicht ein. Ich richte diese Energie nicht gegen mich selbst! Ich agiere nicht aus. Ich richte diese Energie nicht gegen andere. Ich nehme mein Gefühl wahr, um zu heilen.*«

5. Gehe jetzt zurück zu der Emotion, die du gefühlt hast. Wiederhole sie langsam und laut. Sage beispielsweise: »*wütend*«, »*verärgert*«, »*verletzt*«, »*schuldig*«, »*ängstlich*«, »*schamhaft*«, »*gefährdet*« und so weiter. Führe das *Havening* dabei ohne Unterbrechung fort.

6. Spüre, was in deinem Körper passiert. Achte darauf, was du in deinem Körper spürst und wo du es wahrnimmst. Alles, was auftaucht, ist willkommen. Bleibe gelassen. Bleibe mit dem, was du spürst, präsent. Fahre mit dem *Havening* fort.

7. Wenn du spürst, dass die Intensität deiner Emotion nachlässt, nimm dies zur Kenntnis. Berühre dich weiter mit der *Self-Havening*-Technik.

8. Sprich währenddessen die folgenden Gefühle laut aus: »*sicher*«, »*friedlich*«, »*ruhig*«, »*entspannt*«, »*gelassen*«.

9. Beende die Übung damit, dass du dich selbst siehst, wie du gehalten bist, umarmt und in bedingungslose Liebe und Akzeptanz gehüllt. Sage dir selbst, während du weiter die *Havening*-Berührung durchführst: »*Ich bin sicher, friedlich, ruhig, gelassen und bedingungslos geliebt.*«

Verweile solange du magst in diesem Zustand.

Wenn du dazu bereit bist, beende das *Havening*, indem du mit der Streichelbewegung aufhörst.

4

Kommunikativen Herausforderungen mit Empathie und Mitgefühl begegnen

Gewaltfreie Kommunikation ist klar, direkt und bezieht die Beteiligten, deren Gefühle und Bedürfnisse mit ein. *Gewaltfreie Kommunikation* findet im Hier und Jetzt statt. Es geht nicht darum, Konflikte zu vermeiden, sie nicht anzusprechen oder kleinzureden. Eine wunderbare *Nebenwirkung* der GFK ist zwar, dass man bei aktiver Praxis Missverständnissen vorbeugt und dadurch die Entstehung von Konflikten verringert. Trotzdem wird es weiterhin Konflikte geben. Wenn Konflikte also unvermeidlich sind und es sie immer geben wird, braucht es ein anderes *Verhalten*, um sie friedlich und einvernehmlich zu lösen. Mit dieser Erkenntnis änderte sich mein Umgang mit Konflikten. Ich verlor die Angst vor den Reaktionen anderer und wurde selbstbewusster im Ausdrücken meiner eigenen Bedürfnisse und im Vermuten der Bedürfnisse anderer.

Viele Menschen reiben sich an dem Begriff *gewaltfrei*. Sie assoziieren damit eine weichgespülte, defensive und konfliktvermeidende Art des Redens. Sie denken, sie müssten netter, höflicher und angepasster werden – dies bedeute *gewaltfrei*. Bei der GFK geht es zwar um Worte und eine bestimmte gefühls- und bedürfnisorientierte Ausdrucksweise. Aber eigentlich geht es um die Haltung, das Bewusstsein, aus dem heraus man in Verbindung mit seinen Mitmenschen kommen will. Die Befürchtung, andere Menschen reagierten auf ungewollte oder unerwartete Weise, ist ein Hindernis, um in empathische Prozesse einzusteigen. Wenn du beispielsweise besorgt bist, die andere Person könnte auf eine bestimmte Weise reagieren, die dir Angst macht. Oder du hast bewertende Gedanken gegenüber der Person, mit der du in Kontakt kommen möchtest; dann ist es ratsam, einen *Selbst-Einfühlungs-Tanz* zu durchlaufen, eventuell mit Begleitung. Damit du deine Bedürfnisse erkennst und deine Absicht verstehst, die du verfolgst.

Du hast in diesem Buch bereits verschiedene Möglichkeiten kennengelernt, um dich mithilfe der vier Schritte in dich selbst einzufühlen. Das ist eine wesentliche Voraussetzung, um deine persönliche GFK-Haltung zu entwickeln oder zu vertiefen. In diesem Teil des Buches konzentriere ich mich auf kommunikative Herausforderungen im Alltag. Du lernst, dich auf bestimmte Situationen mithilfe der vier Schritte der GFK vorzubereiten. Darauf, wie du wertschätzend Feedback gibst oder Kritik äußerst. Du kannst deine Feindbilder verwandeln, schaust darauf, wie es gelingt, auf Basis der vier Schritte *Nein* zu sagen. Die Beispiele, Schlüsselunterscheidungen und Übungen tragen zur Entwicklung deines persönlichen empathischen Bewusstseins bei.

WAS UNS VERBINDET: DIE ABSICHT DER VERBINDUNG

Bist du dir immer der Absicht bewusst, aus der heraus du handelst? Ich bin es nicht. Es wundert mich daher, in welche Richtung so manches Gespräch führt. Deshalb habe ich es mir angewöhnt, mich vor schwierigen, anstrengenden oder herausfordernden Gesprächen mit meiner *Absicht* zu verbinden.

Nicht zu wissen, wie Gespräche verlaufen, wie die andere Person reagieren wird, was man selbst als Nächstes sagen wird, macht bevorstehende Gespräche in unserer Vorstellung schwierig und unkalkulierbar. Vor allem, wenn unangenehme oder unbequeme Themen angesprochen werden. Schwierige Gespräche sind unter anderem deshalb schwierig, weil sie mit einer bestimmten – meist unbewussten – Absicht geführt werden. Nämlich mit der Absicht, dass es schwierig wird oder ist. Es kann auch umgedreht sein und es gibt keine klare Erwartungshaltung an den Verlauf oder die andere Person. Am Ende eines solchen Gesprächs ist man dann verwundert oder überrascht vom Verlauf und dem Ergebnis. Daher ist es wichtig, dir deiner *Absicht* bewusst zu werden. Welches Bedürfnis willst du dir erfüllen? Gibt es ein bestimmtes Ergebnis, das du jetzt schon verfolgst? Vorbereitet zu sein, bedeutet für mich nicht, dass ich mir die besten Argumente parat lege und eine Strategie aufbaue, die mich während des Gesprächs die Zügel in der Hand halten lässt. Für mich ist es wichtig, mich *empathisch* vorzubereiten. Um empathische Gespräche zu führen, braucht es die Absicht der Verbindung. Verbindung zu mir und gleichzeitig Verbindung zur anderen Person. Diese Absicht ist wie eine Vereinbarung, die ich mit mir selbst schließe. Ohne diese Absicht der Verbindung sind die vier Schritte nur eine Methode. Dann fehlt die innere Bereitwilligkeit, die wie ein Schmiermittel für einen sanfteren, verbindenden Prozess sorgt.

Wenn du dich einer herausfordernden Situation stellen willst, bereite dich vor. Vergiss alle Gesprächsstrategien. Verpflichte dich allein deiner *Absicht* der Verbindung. Sie ist deine Schutzstrategie, um für dich und deine Bedürfnisse einzutreten. Sie lässt dich ein Gespräch pausieren oder beenden, wenn du die Verbindung nicht mehr halten kannst. Sie hilft dir, empathisch zu bleiben, wenn du oder die andere Person ärgerlich oder wütend wird. Sie lässt dich in der Präsenz bleiben, damit du dich mit den Bedürfnissen und

Gefühlen verbinden kannst – damit, was jetzt spürbar ist, und nicht damit, wer etwas falsch gemacht hat. Dank deiner *Absicht* bewegst du dich sicher auf dem GFK-Tanz-Parkett. Du bleibst auf deinem Weg und bist gleichzeitig offen für das, was dir unterwegs begegnet.

Dein Bewusstsein für deine *Absicht* kannst du mit der folgenden Übung trainieren. Bei dieser Übung geht es darum, dir in unterschiedlichen Alltagssituationen deiner Absicht bewusst zu werden.

ÜBUNG: WERDE DIR DEINER ABSICHTEN BEWUSST

Wir wandern in dieser Übung gedanklich durch deinen gestrigen Tag und du prüfst, welche Absicht dich wo hingeführt hat.

Erinnere dich an gestern Morgen, als du aufgestanden bist. Mit welcher Absicht hast du es getan? Welches Bedürfnis hat sich dir dadurch erfüllt?

....

....

Gehe in Gedanken weiter zum Zeitraum zwischen 9 Uhr und 12 Uhr.

An welche Tätigkeit erinnerst du dich? Was hast du gemacht? Welche Absicht hast du damit verfolgt? Gibt es ein erfülltes Bedürfnis, das du benennen kannst?

....

....

Wandere in Gedanken weiter zum Zeitpunkt zwischen 12 Uhr und 15 Uhr.

An welche Tätigkeit erinnerst du dich? Was hast du gemacht? Welche Absicht hast du damit verfolgt? Welches Bedürfnis war erfüllt?

....

....

Wandere in Gedanken weiter zum Zeitpunkt zwischen 15 Uhr und 18 Uhr.

An welche Tätigkeit erinnerst du dich? Was hast du gemacht? Welche Absicht hast du damit verfolgt? Welches Bedürfnis hat sich dir dadurch erfüllt?

....

....

Wandere in Gedanken weiter zum Zeitpunkt zwischen 18 Uhr und 21 Uhr.

An welche Tätigkeit erinnerst du dich? Was hast du gemacht? Welche Absicht hast du damit verfolgt? Welches Bedürfnis war erfüllt?

....

....

Notiere dir deine Erkenntnisse.

....

....

WAS UNS VERBINDET: EMPATHISCHES ZUHÖREN

Beim empathischen Zuhören bewerte oder beurteile ich weder die Person noch deren Handlung. Es bedeutet: in der Präsenz zu sein – mit dem, was bei ihr und mir in diesem Moment lebendig ist. Diese Präsenz stellt Verbindung her.

Im Alltag verwechseln die meisten Menschen Empathie mit Sympathie oder Mitleid. Marshall Rosenberg hat diesen Begriff eng gefasst.[27] Mir gefällt diese Sichtweise. Er sagte, mit einer anderen Person empathisch zu sein, bedeute, sich mit ihren Gefühlen und Bedürfnissen zu verbinden. Mitzufühlen und zu erkennen, was sie jetzt braucht oder welche Bedürfnisse gerade für sie erfüllt oder unerfüllt sind. Man bewertet diesen Zustand nicht und macht ihn auch nicht zu seinem eigenen. Man lässt der anderen Person die Verantwortung für ihre Gefühle und ihre erfüllten/unerfüllten Bedürfnisse. Dazu gehört es auch, die Entscheidung, ob und wie sie sich ihre Bedürfnisse erfüllen mag, ihr zu überlassen.

»Sie ist sehr empathisch«, so werden Personen beschrieben, die gerne helfen, sich um andere kümmern, die mitleiden. Mitleid und Sich-Kümmern sind aber keine Empathie. Wenn ich mit anderen Menschen mitleide, bin ich verbunden mit meinem eigenen Schmerz, den ich bei der anderen Person wahrnehmen kann. Dies bringe ich zum Ausdruck, indem ich zum Beispiel sage: *»Ich kann mir gut vorstellen, wie es dir jetzt geht.«* Es ist nicht verwerflich mitzuleiden. Auch das schafft Verbindung. Im Konfliktfall aber hilft Mitleid oder Sympathiebekundung nicht weiter. Weil es nicht aus dem Konflikt heraushilft. Und wenn ich mich um andere kümmere, bin ich zwar wirksam, aber ich handle aus einem helfenden Impuls heraus, ohne zu schauen, was wirklich gebraucht wird. Ich kümmere mich nach bestem Wissen und Gewissen darum, dass es wieder besser wird, dass sich das Leid verringert. Das Kümmern ist ebenfalls nicht nachteilig zu sehen, darf aber auch nicht mit Empathie verwechselt werden.

Bei Empathie muss ich nichts verstehen, keine Lösung parat haben und nicht wissen, wie es der anderen Person geht. Das kann entlastend sein. Wenn ich empathisch bin, bin ich bereit hinzuschauen, was die andere Person JETZT braucht und wie es JETZT für sie ist, da Bedürfnisse unerfüllt sind. Ich erkenne an, nehme wahr, mache es aber nicht zu meinem eigenen Leid. Ich bewerte es nicht im Sinne von »*Sie hat ja recht oder unrecht*« oder »*Och, die Arme, da muss etwas getan werden!*«. Empathie ist die Loslösung vom persönlichen Leid, den eigenen Gedanken und Bewertungen bei gleichzeitigem Wahrnehmen der Gefühle und Bedürfnisse der anderen Person. Ich bin mit der Absicht der Verbindung zur anderen Person verbunden. Ich bleibe in der Präsenz und vermute, was sie fühlt oder welches Bedürfnis bei ihr erfüllt oder unerfüllt ist. Gelingt es, die Präsenz zu halten, dann bin ich empathisch.

Um den Begriff der Empathie verständlich darzustellen, beschreibt Marshall Rosenberg in seinem Buch *Gewaltfreie Kommunikation. Eine Sprache des Lebens* ein Gespräch zwischen zwei Eheleuten, die er begleitet hat. Darin wird die Frau gebeten, mit ihrem Mann empathisch zu bleiben, obwohl er ihr Vorwürfe macht. Er wirft ihr vor, es nütze nichts, mit ihr zu sprechen, da sie ohnehin nie zuhöre. Sie fragt ihn daraufhin, ob er unglücklich mit ihr sei. Marshall unterbricht sie und weist darauf hin, dass sie mit ihrer Frage ausdrücke, durch ihr Handeln sein Unglück zu provozieren, und sie damit die Verantwortung für seine Situation übernehme. Er lädt sie ein zu fragen: »*Bist du unglücklich, weil du <BEDÜRFNIS> brauchst?*« Diese Formulierung lenkt die Aufmerksamkeit darauf, was in ihrem Mann vorgeht, und weg von dem, was sie oder er denken mögen, was sie falsch macht. Im weiteren Gesprächsverlauf bringt sie mit ihren Formulierungen ihre allgemeinen Gedanken über sich und ihren Mann zum Ausdruck. Marshall unterbricht sie deshalb mehrmals, um ihr bedürfnisbasierte Formulierungsvorschläge zu unterbreiten. Schließlich fragt sie ihren Mann, ob er unglücklich sei, weil er gerne gehört werden will? Diese Formulierung ist sozusagen der *empathische Schlüssel.* [28]

Für mich wird dadurch deutlich, wie die *Gewaltfreie Kommunikation* den Begriff der Empathie auslegt: eng und beharrlich die Gefühle und Bedürfnisse zu benennen, ohne eigene Bewertungen, Gedanken oder Urteile einzubauen. Es ist völlig natürlich, in solchen Gesprächen, so zu reagieren wie die Ehefrau im obigen Beispiel. Die eigenen Gedanken mitzuteilen, ist normal, und es ist ungewohnt, sich in Beobachtung, Gefühl und Bedürfnis auszudrücken. Mit der Frage »*Bist du unglücklich, weil du gerne gehört werden möchtest?*« liegt sie voll und ganz mit ihrer Aufmerksamkeit bei ihrem Mann. Sie benennt, was in ihm vorgeht, ohne zu hören oder zum Ausdruck zu bringen, dass sie etwas falsch gemacht haben könnte: *unglücklich = Gefühl/gehört werden = Bedürfnis.* Das ist Empathie im Sinne der GFK.

WAS UNS TRENNT: KOMMUNIKATIONSSPERREN

»Als wenn Empathie zu empfinden so einfach wäre«, denke ich manchmal. Im Alltag begegnen mir *trennende*, bewertende Formulierungen, die es schwer machen, empathisch zu sein. Thomas Gordon, ein US-amerikanischer Psychologe und Kommunikationsforscher, beschrieb zwölf verschiedene Sprachmuster, die er *Kommunikationssperren*[29] nannte. Diese Sprachmuster fördern eine trennende, abgrenzende und gewaltvolle Kommunikation. Wenn man sie verwendet, entstehen leichter Missverständnisse, und die Mitmenschen hören Vorwürfe, wo man noch lange keine gemacht zu haben glaubt. Also genau das Gegenteil dessen, was wir im Alltag eigentlich wollen. Als Reaktion auf eine dieser Sperren sind Vorwürfe, Anschuldigungen oder Bewertungen wahrscheinlich. Bedauerlicherweise sind diese Sprachmuster Teil unserer Alltagskommunikation, die wir unbewusst verwenden.

Im Folgenden findest du die zwölf Kommunikationssperren mit Beispielen aus dem Alltag. Um deine Sprachmuster zu erkennen, schreibe zu jeder Kommunikationssperre einen eigenen Satz oder eine entsprechende Aussage, die du verwendest oder die dir in deinem Leben begegnet.

1. **Befehlen, anordnen, auffordern**
   »Du machst jetzt, was ich dir sage!« – »Bring sofort den Müll runter!« – »Sie hören jetzt auf zu schreiben und sortieren sofort die Eingangspost!«

   Mein Satz: ....

2. **Warnen, mahnen, drohen**
   »Wenn du dein Zimmer nicht aufräumst, kannst du später auch nicht fernsehen!« – »Wenn du mich verlässt, kann ich für nichts garantieren!« – »Du wirst schon sehen, was du davon hast!«

   Mein Satz: ....

3. **Moralisieren, predigen, beschwören**
   »Wenn du dich jetzt nicht auf deinen Hosenboden setzt und lernst, wird das nix mit dem Schulabschluss!« – »Du musst unbedingt mehr Sport machen, dann wirst du schon sehen, wie gut dir das tut!«

   Mein Satz: ....

4. **Beraten, Vorschläge machen, Lösungen liefern**

   »Also, wenn du mich fragst, solltest du unbedingt weniger arbeiten.« –
   »Mach doch den Rechner aus, damit du dich entspannen kannst.« – *»Ich
   an deiner Stelle, würde es so machen: <Vorschlag>!«*

   Mein Satz: ....

5. **(Ver-)Urteilen, kritisieren, widersprechen, Vorwürfe machen, beschuldigen**

   »Immer kommst du zu spät!« – *»Wie hast du das denn wieder hinbekommen?«* – *»Du bist so abweisend und ich finde, du könntest dich ruhig öfter
   bei mir melden!«*

   Mein Satz: ....

6. **Belehren, durch Logik begründen**

   *»Sieh mal, es ist doch so: Wenn du mehr Sport machst, fördert das deine
   Gesundheit, du bewegst dich mehr und bist zufriedener!«* – *»Du musst doch
   einsehen, dass wir mehr hinbekommen, wenn wir es genau so machen, wie
   ich es vorschlagen habe.«*

   Mein Satz: ....

7. **Loben, zustimmen, schmeicheln – kann eine hohe Erwartungshaltung
   signalisieren**

   »Das haben Sie wirklich großartig hinbekommen!« – *»Das hast du aber schön
   gemacht!«* – *»Du machst immer so viel!«* – *»Du bist so fleißig!«* – *»Du bist die
   Beste!«*

   Mein Satz: ....

8. **Beschämen, beschimpfen, lächerlich machen**

   »Birgit, das hätte ich nicht von dir erwartet!« – *»Du bist so naiv, wenn du
   sagst, dass ...«* – *»Was, DU willst Radiomoderatorin werden? Da über-
   schätzt du dich aber!«*

   Mein Satz: ....

9. **Interpretieren, analysieren, diagnostizieren**

   »Du willst mich wohl ärgern, wenn du sagst, dass du mir nicht hilfst.« –
   »Du bist ein Faulpelz, weil du den ganzen Tag noch nicht einmal draußen warst.«

   Mein Satz: ....

10. **Beruhigen, Sympathie äußern, trösten, aufrichten**

    »Ach komm, das ist doch nicht so schlimm!« – »Indianerherz kennt keinen Schmerz.« – »Morgen scheint auch wieder die Sonne.«

    Mein Satz: ....

11. **Nachforschen, fragen, verhören**

    »Wie war das noch mal genau?« – »Warum hat er denn so reagiert?« – »Ja, das ist schrecklich, aber was habt ihr denn dann gemacht?«

    Mein Satz: ....

12. **Ablenken, ausweichen, aufziehen**

    »Ich erzähl dir, wie es bei mir war, als mir das Gleiche wie dir passierte.« – »Die Mutter von Maria hatte ähnliche Probleme. Ach, und weißt du eigentlich, dass sie jetzt einen Job hat? Mit dem ist sie aber nicht zufrieden, das hat sie mir letzte Woche erzählt, als ich sie zufällig getroffen habe ...«

    Mein Satz: ....

Als ich das erste Mal von diesen *Kommunikationssperren* hörte, überkam mich ein Gefühl von Scham und Hilflosigkeit. Gleichzeitig erinnerte ich mich an Situationen, in denen ich solche Sätze ebenfalls zu hören bekam. Ich erkannte mich in vielen dieser Aussagen wieder und war ratlos. Wie sollte ich mich *gewaltfreier* ausdrücken? Ich wollte mehr Bewusstsein für meine eigenen Kommunikationsmuster bekommen.

Wie gelingt es jetzt, eine empathische Alltagskommunikation aufzubauen? Trennende Sprachmuster sind tief in unserer Alltagssprache verankert. Durch Erkennen dieser Sperren und regelmäßiges Üben gelingt es leichter, in empathische Prozesse einzusteigen. Marshall Rosenberg sagte, es gehe bei der *Gewaltfreien Kommunikation* um Worte. Aber es gehe eben nicht nur um Worte, sondern vor allem um das Bewusstsein, aus dem heraus wir handeln.[30] Deshalb ist es grundlegend, unser empathisches Bewusstsein zu trainieren, wenn wir die *Gewaltfreie Kommunikation* in unsere Alltagssprache integrieren wollen.

Du bist in diesem Kapitel eingeladen, dich auf empathische Weise mit einer anderen Person zu verbinden. Dabei vermutest du die Beobachtung, das Gefühl, das erfüllte oder unerfüllte Bedürfnis und die Bitte, die diese Person haben könnte.

BEISPIEL FÜR EMPATHISCHES VERMUTEN AUF BASIS DER VIER SCHRITTE

Mein Sohn stellte vor Kurzem fest, es sei schrecklich, dass er bald 20 Jahre alt werde.

Meine ersten Gedanken waren: »*So schlimm ist die 20 doch nicht. Sei froh, da liegt dein Leben ja noch vor dir!*« Ich erkannte jedoch, dass es sich um Kommunikationssperren handelte (Beruhigen, Sympathie äußern, trösten, aufrichten). Also sagte ich mir bewusst: »*Schenk ihm Empathie!*« Ich fragte ihn:

Schritt 1: »*Wenn du sagst, du wirst bald 20 (Beobachtung) ...*

Schritt 2: *... klingt das für mich, als wärst du besorgt (Gefühl).*«

Mir fiel kein Bedürfnis ein, das ich hätte benennen können. Deshalb schwieg ich.

Er (etwas aufgebracht): »*Ja, 20! Ich war noch nicht mal richtig 19. Was ist denn mit 19 schon bei mir passiert? Wegen Corona habe ich nichts erlebt!*«

Ich, Schritt 3: »*Dir geht es um Spaß und Abwechslung?*« (Bedürfnis = Spaß und Abwechslung)

Er: schweigt.

Ich erneut Schritt 2: »*Klingt, als wärst du echt traurig, weil du dir Spaß und Abwechslung wünschst.*«

Er (ruhiger und entspannter): »*Ja, ich will endlich wieder Party machen mit meinen Freunden.*« ... Pause ... »*Jetzt schreibe ich erst mal mein Abi und dann wird es sicher wieder Möglichkeiten geben zu feiern.*«

Natürlich hätte ich ihn am liebsten getröstet und gesagt: »*Ach, das wird schon*«, oder: »*Es geht uns doch allen so.*« Aber mir war wichtig hinzuhören, zu verstehen, was er braucht, um ihn dabei zu unterstützen, mit sich selbst in die Verbindung zu kommen.

Im Folgenden findest du zwei Übungen, um dich im *empathischen Hören* zu üben. Bei der ersten Übung vermutest du die hinter einer Kommunikationssperre verborgenen Gefühle und Bedürfnisse der anderen Person. Übe im Stillen. Wiederhole diese Übung regelmäßig. Anfangs lohnt es sich, das empathische Vermuten schriftlich zu durchlaufen, um die eigenen Denkprozesse zu verlangsamen.

Bei der zweiten Übung bist du eingeladen, in einem geschützten Rahmen einer anderen Person empathisch zuzuhören.

ÜBUNG: EMPATHISCHES VERMUTEN BEI KOMMUNIKATIONS-SPERREN

Im Downloadbereich findest du ein Beispiel zu dieser Übung.

Schritt 1: Erinnere dich an eine Situation, in der dir eine Person eine der zwölf Kommunikationssperren »geschenkt« hat oder sie auf andere Weise reagiert hat, als du es dir gewünscht hast.

Schritt 2: Vermute die Beobachtung der anderen Person: Was hat sie vermutlich gehört/nicht gehört?

Notiere die von dir vermutete Beobachtung der anderen Person.

....

....

....

....

Schritt 3: Vermute das Gefühl der anderen Person. Wie könnte sich die andere Person in diesem Moment gefühlt haben? Notiere das von dir vermutete Gefühl der anderen Person.

....

....

....

....

Schritt 4: Vermute das erfüllte/unerfüllte Bedürfnis der anderen Person. Welches Bedürfnis war bei der anderen Person erfüllt/nicht erfüllt? Notiere das von dir vermutete Bedürfnis der anderen Person.

....

....

....

Schritt 5: Verbinde dich mit der Bitte der anderen Person. Ausgehend von den von dir vermuteten Gefühlen und Bedürfnissen vermute die Bitte, die die andere Person haben könnte. Notiere die von dir vermutete Bitte der anderen Person.

....

....

....

Notiere dir zum Abschluss deine Erkenntnisse.

....

....

....

ÜBUNG: EMPATHISCHES KNOTENSEIL

Um das empathische Zuhören in direkten Kommunikationssituationen zu üben, bitte eine Person deines Vertrauens, mit dir zu üben.

Ihr braucht ein Seil mit circa acht bis zehn Knoten. Die Knoten stehen im Verlauf der Übung für Gefühle und Bedürfnisse.

Legt eine Zeitspanne fest, circa zehn Minuten pro Person, in der ihr ungestört üben könnt.

Tipp: Zum Üben ist es einfacher, wenn ihr über alltägliche Situationen sprecht und nicht über die aktuellen, heftigen Konflikte eures Lebens.

Entscheidet, wer von euch beiden beginnt, empathisch zuzuhören.

Wenn ihr bereit seid, geht es los. Jeder hält ein Ende des Seils in den Händen.

Die erste Person beginnt, über ihre Situation zu sprechen. Das kann der letzte Urlaub gewesen sein, der letzte Einkauf, der letzte Arbeitstag.

Die andere Person hört zu und vermutet die Gefühle und Bedürfnisse. Durch Verbindungsbitten versichert sie sich, ob sie das Gefühl oder Bedürfnis richtig vermutet hat, und wandert entsprechend einen Knoten weiter.

Hier findest du einige Formulierungen, wie du auf empathische Weise nachfragen kannst.

- Kann es sein, dass du <GEFÜHL> warst und <BEDÜRFNIS> gebraucht hättest?
- Du warst <GEFÜHL>?
- Dir fehlte <BEDÜRFNIS>?

Bleibt im Fragemodus und wartet jeweils, ob die andere Person sich gehört fühlt.

Fahrt so lange fort, bis das Ende des Knotenseils erreicht ist. Wechselt die Rollen und beginnt von vorne.

Notiere dir zum Abschluss deine Erkenntnisse und die Formulierungen zum empathischen Vermuten.

WAS UNS VERBINDET: DER EMPATHISCHE DIALOG – BESTEHEND AUS SELBST-EINFÜHLUNG, EINFÜHLUNG UND SELBST-AUSDRUCK

Die *Gewaltfreie Kommunikation* bietet mit den vier Schritten einen überschaubaren Ansatz, in Konfliktsituationen die Verbindung herzustellen und zu halten. Auch dann, wenn es emotional oder laut zugeht. *Empathie* ist das Schlüsselwort. Empathie mit sich selbst und mit der anderen Person.

Ein empathischer Prozess beinhaltet, dass ich mir meiner Gefühle und Bedürfnisse bewusst bin, diese zum Ausdruck bringe und gleichzeitig bereit bin, die andere Person ebenfalls mit ihren Gefühlen und Bedürfnissen wahrzunehmen. Dabei ist es wichtig, sich auch der eigenen Bewertungen oder Urteile bewusst zu sein. Beim *empathischen Dialog* handelt es sich um eine fortgeschrittenere Praxis. Daher ist es mir wichtig, diesen Prozess ausführlich zu beschreiben.

Besonders wertvoll sind hier die *Verbindungsbitten*. Wie im Prozess der Selbst-Einfühlung geht es nicht um die Lösung des Konflikts, sondern darum, die Verbindung herzustellen und zu halten. Zu verstehen, welches Bedürfnis bei der anderen Person unerfüllt ist, wie es ihr geht, und gleichzeitig die eigenen Gefühle und Bedürfnisse auszudrücken. Meistens finden sich dadurch Lösungen, die die Bedürfnisse aller berücksichtigen.

Um die Wahrscheinlichkeit zu erhöhen, den Kontakt zur anderen Person herzustellen, ist es förderlich, sich im Vorfeld gezielt mit der Absicht der Verbindung zu verbinden. Wenn du merkst, dass es darum geht, zu gewinnen oder recht zu haben, ist die Wahrscheinlichkeit höher, dass euch der Konflikt erhalten bleibt. Schnelle und vorzeitige Lösungen führen meist zu erneuten Konflikten.

In diesem Kapitel lade ich dich ein, dich mit dem ausführlich beschriebenen *13-Schritte-Tanz* im geschützten Rahmen auf das Tanzparkett der vier Schritte auf allen drei Wegen zu begeben: Selbst-Einfühlung, Selbst-Ausdruck und Einfühlung.

Ein ausführliches Beispiel einer meiner Kursteilnehmerinnen zu einem 13-Schritte-Tanz-Prozess findest du im Downloadbereich zum Buch. Darin beschreibe ich, wie Simone, Mitarbeiterin einer Schulbetreuung, das leidige Thema *Aufräumen* mit einem der Kinder löste.

ÜBUNG: EMPATHIE IN 13 SCHRITTEN

Für diese Übung bist du eingeladen, die 13 Schritte auf den drei Wegen zu durchlaufen.

Auf dem Weg der Selbst-Einfühlung fühlst du dich in dich ein, um dir deiner Gefühls- und Bedürfnislage bewusst zu werden. Auf dem Weg der Empathie bist du eingeladen, dich in die andere Person einzufühlen. Auf dem Weg des Selbst-Ausdrucks teilst du dich auf Basis der vier Schritte mit. Du entscheidest, welchen Weg du zuerst gehst. Folge deinem Impuls.

Wie beim Selbst-Einfühlungsprozess empfehle ich dir, Bodenankerkarten zu erstellen, indem du für jeden der Wege die vier Schritte und eine Karte für dein Kopfkino auslegst. Du kannst das *Original-13-Schritte Tanzparkett* auch kaufen.[31] Gestatte dir hier, länger auf den Karten *Gefühl* und *Bedürfnis* zu verweilen. Das erlaubt dir, auch die leiseren Gefühle oder versteckten Bedürfnisse wahrzunehmen.

Und so geht's:

Erinnere dich an eine Situation, die du jetzt mithilfe der 13 Schritte beleuchten magst. Vielleicht schaust du dir eine Situation an, in der du dich geärgert hast, genervt warst, frustriert oder dich auf andere Weise schlecht gefühlt hast. Oder eine Situation, in der eine Person auf andere Weise reagiert hat, als du es erwartet hast.

Weg der Selbst-Einfühlung

Mein Kopfkino: Verbinde dich mit deinen Gedanken, Bewertungen, Urteilen, Interpretationen, die du über dich selbst oder eine andere Person hast. Notiere dir das, was dir durch den Kopf geht.

....

....

....

Schritt 1: Verbinde dich mit deiner Beobachtung der Situation, die du dir ausgesucht hast.

Was konkret wurde gesagt? Was genau hast du gesagt, nicht gesagt, unterlassen, getan? Möglicherweise hat eine andere Person etwas gesagt, nicht gesagt, unterlassen oder getan? Formuliere deine Beobachtung möglichst wertfrei. Du kannst dich dabei an Zahlen, Daten und Fakten zu dieser Situation orientieren.

Notiere deine Beobachtung.

....

....

....

....

Schritt 2: Verbinde dich mit dem Gefühl, das sich dir jetzt zeigt.

Wandere mit deiner Aufmerksamkeit durch deinen ganzen Körper. Wie fühlst du dich jetzt? Wo in deinem Körper kannst du dieses Gefühl wahrnehmen? Spüre dort hin. Zeigt sich dir vielleicht ein anderes Gefühl? Wie lautet dein Gefühl? Du kannst es benennen oder umschreiben. Verweile hier, wenn es sich angenehm anfühlt. Wenn es sich unangenehm anfühlt, registriere dies ebenfalls.

Notiere dir dein Gefühl.

....

....

....

....

Schritt 3: Verbinde dich mit deinem Bedürfnis.

Welches Bedürfnis ist jetzt erfüllt? Welches ist unerfüllt? Spüre dem für einen Moment nach.

Wandere zurück zu deiner Beobachtung. Welches Bedürfnis war in deiner Situation erfüllt oder unerfüllt?

Notiere dir das Bedürfnis.

....

....

....

....

Schritt 4: Verbinde dich mit deiner Bitte.

Ausgehend von deinem Bedürfnis bist du an dieser Stelle eingeladen, deine Bitte zu formulieren. Welche Strategie findest du zur Erfüllung deines Bedürfnisses? Ist es eine Bitte an dich selbst? Hast du eine Bitte an eine andere Person? Du kannst eine Handlungs- oder Verbindungsbitte äußern. Hier kann es sinnvoll sein, eine Verbindungsbitte zu sagen. Spüre nach, was du brauchst, damit sich dein Bedürfnis erfüllt.

Notiere dir deine (Verbindungs-)Bitte.

....

....

....

....

Weg der Einfühlung

Schritt 1: Vermute die Beobachtung der anderen Person in der betreffenden Situation.

Was hat sie vermutlich gehört/nicht gehört? Notiere die von dir vermutete Beobachtung der anderen Person.

....

....

....

....

Schritt 2: Vermute das Gefühl der anderen Person.

Wie könnte sich die andere Person in diesem Moment gefühlt haben? Notiere das von dir vermutete Gefühl der anderen Person.

....

....

....

....

Schritt 3: Vermute das erfüllte/unerfüllte Bedürfnis der anderen Person.

Welches Bedürfnis war bei der anderen Person erfüllt/nicht erfüllt?

Notiere das von dir vermutete Bedürfnis der anderen Person.

....

....

....

....

Schritt 4: Verbinde dich mit der Bitte der anderen Person.

Ausgehend von den von dir vermuteten Gefühlen und Bedürfnissen vermute die Bitte, die die andere Person haben könnte. Notiere die von dir vermutete Bitte der anderen Person.

....

....

....

....

....

Weg des Selbst-Ausdrucks

Schritt 1: Drücke deine Beobachtung in der betreffenden Situation aus.

Formuliere deine Beobachtung. Was hast du gehört/nicht gehört? Was hast du beobachtet, gesehen, gerochen, wahrgenommen? Orientiere dich dabei an Zahlen, Daten und Fakten zu dieser Situation.

Notiere deine Beobachtung.

....

....

....

....

Schritt 2: Drücke dein Gefühl aus, das du in dem Selbst-Einfühlungsprozess wahrgenommen hast.

Teile dein Gefühl mit. Beschreibe das Gefühl, falls dir kein Begriff dafür einfällt. Notiere dein Gefühl.

....

....

....

....

Schritt 3: Drücke dein Bedürfnis aus, mit dem du dich in dem Selbst-Einfühlungsprozess verbunden hast.

Teile dein unerfülltes oder erfülltes Bedürfnis mit. Notiere dein Bedürfnis.

....

....

....

....

Schritt 4: Drücke deine Bitte aus.

Formuliere deine Bitte und drücke sie aus. Du hast die Möglichkeit, Handlungs- oder Verbindungsbitten zu äußern. Spüre nach, was du brauchst, damit sich dein Bedürfnis erfüllt. Notiere deine Bitte.

....

....

....

....

Notiere dir zum Abschluss deine Erkenntnisse.

....

....

....

WAS UNS VERBINDET: MEIN FEIND UND ICH

Gedanken, Bewertungen, Urteile und Analysen über andere Menschen verhindern Verbindung. Sollten sie negativ sein, manifestieren sie sich mit der Zeit zu einem Feindbild. *Feind* ist ein starkes Wort, das bei vielen Menschen Begriffe wie *Gewalt*, *Krieg* und *Stress* aufkommen lässt. Ein Feind ist bedrohlich. Er oder sie muss bekämpft, am besten besiegt werden.

In dem Dokumentarfilm »*Mein liebster Feind*« von Werner Herzog[32] porträtierte Herzog das Verhältnis zwischen ihm als Regisseur und Klaus Kinski als Darsteller. Ich erinnere mich an eine Szene der Dreharbeiten im Amazonasgebiet, in der die indigene Bevölkerung, die im Film mitspielte, Kinski ermorden wollte. Sie berieten sich untereinander und planten die Tat. Herzog gelang es, sie davon abzuhalten, obwohl er sichtlich unter den unberechenbaren Gefühlswallungen Kinskis litt. Jeder hätte Verständnis gezeigt, wenn es zum Äußersten gekommen wäre.

Unsere Feinde umbringen zu wollen, reicht nicht aus, um einen Konflikt zu lösen. Solange wir in diesen Kategorien wie *Feind, Gegnerin, Widersacher* oder »*Du bist schuld, dass ich ...*« denken, sind und bleiben wir im *richtig/falsch*-Modus. Es braucht Empathie, um den Feind zu *entwaffnen*, um in diesem Bild zu bleiben. Dann ist es auch möglich, *den Ort jenseits von richtig und falsch*[33] zu finden.

Hast du Feinde? Ich persönlich würde von mir sagen: »*Feinde, ich? Nein, habe ich nicht!*« Trotzdem ertappe ich mich dabei, dass ich jede Menge *Feindbilder* im Kopf habe. Da gibt es *die doofen Autofahrer*, die *rücksichtslos* fahren; da sind *die Ignoranten*, die *immer* zu spät kommen und über meine Zeit *bestimmen*; da gibt es die *unfähige* Projektleitung, mit der ich zusammenarbeiten musste; *die Idioten*, die *überall* ihren Müll hinwerfen müssen ...

Verallgemeinerungen, Bewertungen und Urteile sind das Futter, aus dem wir unsere Feinde erschaffen. Dadurch machen wir die anderen zu unseren Gegnern. Wir müssen uns verteidigen und kämpfen. Das kostet Kraft und schadet der Beziehung. Am Ende gibt es formal eine Gewinnerin und einen Verlierer und gleichzeitig haben beide in diesem Machtspiel verloren. »*Dem zahle ich es noch heim*« oder »*Sie wird schon noch erleben, was es heißt ...*«

sind Gedankenmuster, die es verhindern, echte Verbindung und Empathie zu erleben. Rache ist ein schlechter Ratgeber. Sie verhindert, dass ich mich mit meinen Gefühlen und Bedürfnissen verbinde. Ohnmacht, Wut, Ärger oder Eifersucht fördern den Rachegedanken.

Wo entdeckst du solche Formulierungen in Bezug auf andere Personen in deinem Alltag? Gibt es Urteile, Vorurteile und Bewertungen, die du über deine Kinder, deine Partnerin, deine Eltern, Geschwister, Kollegen, Vorgesetzte, Mitarbeitenden oder fremde Personen hast? Möglicherweise denkst du, er/sie hat etwas gegen dich?

Die GFK öffnet dir durch den Schritt der Beobachtung, des Gefühls und des Bedürfnisses den Blick auf die *unbewussten* Feindbilder. Dadurch gelingt es, die Verantwortung für deine eigenen Gedanken und Bewertungen zu übernehmen, und dafür, wie du dich ausdrückst.

Mit zunehmender Beschäftigung und Integration der GFK in unser Leben erkennen wir, wie wir mit allen Menschen und Lebewesen verbunden sind. Mit einigen lieber und mit anderen weniger gerne. Für einige haben wir mehr Sympathie, für andere weniger. Auch die uns unsympathischen Menschen sind Teil unserer Lebenswelt. Wir können sie nicht aussperren oder *wegmachen*.

Mit der folgenden Grundannahme der GFK gelingt es dir, mehr und mehr für dich einzustehen, auch dann, wenn du deinen *Feinden* begegnest.

Grundannahme:

→ Ich bin verantwortlich für die Erfüllung meiner Bedürfnisse. Ich bin verantwortlich für meine Gefühle. Ich bin verantwortlich für meine Handlungen und die Strategien, die ich wähle, um meine Bedürfnisse zu erfüllen.

Dabei geht es selbstverständlich nicht darum, wie ein Bulldozer durch deine Beziehungen zu fahren und rücksichtslos nur noch das zu tun, was und wie du es willst, oder anderen deine Meinung überzustülpen. Im Gegenteil, mir hilft diese Grundannahme zu erkennen, wann ich mir beispielsweise mein Bedürfnis nach Schutz oder Wirksamkeit erfülle. Dadurch erkenne ich eher, ob ich Strategien wähle, die ebenfalls für andere dienlich sind.

Die oben genannte Grundannahme kannst du umdrehen, um dich deinen *Feinden* zu nähern. Wenn du für dich verantwortlich bist, dann ist der logische Umkehrschluss, dass die andere Person für sich verantwortlich ist. Du kannst sagen:

→ Du bist verantwortlich für die Erfüllung deiner Bedürfnisse. Du bist verantwortlich für deine Gefühle. Du bist verantwortlich für deine Handlungen und die Strategien, die du wählst, um deine Bedürfnisse zu erfüllen.

Im Zusammenhang mit *Feindbildern* spielt das Thema *Opfer* oder *Opferhaltung* eine Rolle. Wenn ich die Verantwortung für mich an eine andere Person abgebe, befinde ich mich in einer *Opferhaltung*, fühle mich ohnmächtig, machtlos oder denke, ich wurde übergangen. Dieses Gedankenmuster hält Feindbilder aufrecht und führt ebenfalls zur Trennung.

Mit der folgenden Schlüsselunterscheidung gebe ich dir eine Vorstellung davon, wie die GFK die Begriffe *Verantwortung, Opfer* und *Täter* definiert.

SCHLÜSSELUNTERSCHEIDUNG ZWISCHEN VERANTWORTUNG UND OPFER BEZIEHUNGSWEISE TÄTER[34]

Verantwortung

Gefühle entstehen aus erfüllten und unerfüllten Bedürfnissen. Indem ich das anerkenne, übernehme ich Verantwortung. Aus meinen unerfüllten Bedürfnissen entstehen Handlungen, für die ich ebenfalls Verantwortung trage.

Hilfreiche Frage: Bin ich bereit, für meine Gefühle, die Erfüllung meiner Bedürfnisse und die daraus folgenden Handlungen Verantwortung zu übernehmen?

Opfer

Ich fühle mich hilflos und gebe anderen die Schuld für meine Gefühle und für meine Situation.

Hilfreiche Frage: Gebe ich anderen die Schuld für meine Gefühle und meine Situation?

Täter

Ich denke, dass der andere mich provoziert hat, und gebe ihm die Schuld für meine Gefühle und meine Reaktion. Ich denke, dass ich im Recht bin.

Hilfreiche Frage: Gebe ich dem anderen die Schuld für meine Gefühle und meine Reaktion?

In dem folgenden Beispiel aus dem Berufsleben einer meiner Klientinnen beschreibe ich, wie sie mithilfe der vier Schritte ihre Opferrolle erkannte und diese verwandelte.

Kim war neu im Unternehmen. Sie hatte sich dort bereits zwei Jahre zuvor auf eine Stelle beworben, wurde damals aber nicht eingestellt. Nun hat sie sich erneut beworben, und diesmal wurde sie genommen. Wie es das Schicksal wollte, arbeitete Kim jetzt mit der Frau zusammen, bei der sie sich zwei Jahre vorher vorgestellt hatte. Für Kim war das unangenehm. Sie nahm Forderungen und eine starke Ablehnung wahr. Kim ertappte sich bei Gedanken wie: *»Nein, jetzt haben wir später wieder Teammeeting und Julia meckert bestimmt wieder herum!«, »Heute morgen hat sie mich gar nicht gegrüßt, sie kann mich wohl nicht leiden«.* Kim fiel es zunehmend schwerer, Julia gegenüberzutreten und ihr ohne Vorbehalte zu begegnen. Dabei war sich Kim nicht einmal sicher, ob sich Julia noch an sie erinnerte. Kim verstrickte sich mehr und mehr in ihre Urteile über Julia und war fest davon überzeugt, dass sie sie nicht leiden könne, und machte das an Aussagen, Entscheidungen und Vorschlägen fest, die Julia in die gemeinsame Tätigkeit einbrachte. Kim fühlte sich unsicher, klein und ratlos. Sie nahm sich selbst als Opfer wahr. Als sie das erkannte, stellte sie sich die Frage der Verantwortung: *Bin ich bereit, die Verantwortung für meine Gefühle und Bedürfnisse zu übernehmen? Bin ich bereit, die Verantwortung für mein Handeln zu übernehmen? Gebe ich Julia die Schuld daran, wie es mir geht?* Dabei stellte sie fest, dass ihr die Verbindung und die Augenhöhe zu Julia fehlte. Sie fasste sich eines Tages ein Herz und sprach Julia an. Das führte dazu, dass die beiden einen Austausch auf Augenhöhe führten und sich nach und nach eine vertrauensvolle Ebene zwischen beiden entwickelte.

Wenn wir unsere Feindbilder verwandeln wollen, ist Empathie der Schlüssel dazu. Empathie für die andere Person zu empfinden. Es geht nicht darum, mit dem Verhalten der anderen Person einverstanden zu sein. Sondern darum, die Bedürfnisse dahinter zu erkennen. Das schafft Verbindung und Nähe und hilft zu verstehen, warum die Person dieses oder jenes gesagt oder getan hat. Dies gelingt in einem *empathischen Dialog*. Beim *empathischen Dialog* bleibst du präsent und mit deiner Absicht verbunden, die Verbindung zur anderen Person herzustellen und zu halten, wie bereits im Kapitel zum *Empathischen Zuhören auf den Seite 108 und 109* beschrieben.

Aber du kannst dich auch aus sicherem Abstand einer anderen Person empathisch nähern. Ohne, dass neue Aussagen, Handlungen oder Reaktionen und damit neue Auslöser dazukommen. Plötzlich kannst du die Person auf andere Weise betrachten. Es ist möglich, die Welt mit deren Augen zu sehen. Der *Perspektivenwechsel* gelingt leichter, wenn du dir die unerfüllten/erfüllten Bedürfnisse und Gefühle der anderen Person bewusst machst.

Im Folgenden findest du zwei unterschiedliche Übungen. Mit der ersten Übung kannst du eine Situation beleuchten, in der du dich als *Täterin* oder *Opfer* gefühlt hast.

Mit der zweiten Übung wendest du dich deinem Feind auf empathische Weise zu, indem du dich mithilfe der vier Schritte seiner Sichtweise näherst und diese für dich erfahrbar machst.

ÜBUNG: ICH OPFER – ICH TÄTER

Erinnere dich an eine Situation, in der du dich entweder als Opfer betrachtet hast oder als Täterin.

Schritt 1: Deine Beobachtung

Beschreibe die Situation: Was genau ist passiert? Was hast du gehört, gesagt, getan, unterlassen?

....

....

....

Schritt 2: Dein Gefühl

Wie hast du dich damals gefühlt? Benenne oder beschreibe das Gefühl.

....

....

....

Schritt 3: Dein Bedürfnis

Welches Bedürfnis hat sich in deiner gewählten Rolle erfüllt?

....

Schritt 4: Welches Bedürfnis hat sich in deiner gewählten Rolle nicht erfüllt?

....

Schritt 5: Frage dich: Gebe ich anderen die Schuld für meine Gefühle und meine Situation?

....

....

....

Schritt 6: Dein Kopfkino

Was denkst du jetzt? Gibt es Bewertungen, Urteile, Interpretationen oder Gedanken, die dir durch den Kopf gehen?

....

....

....

Schritt 7: Schau noch einmal zu deinen Bedürfnissen. Welches Bedürfnis ist jetzt erfüllt? Welches ist unerfüllt?

....

....

Schritt 8: Wie geht es dir jetzt? Wo in deinem Körper kannst du es spüren?

....

....

Schritt 9: Gibt es eine Bitte, die du an dich oder an eine andere Person hast? Ist es eine Verbindungs- oder eine Handlungsbitte? Notiere sie dir.

....

....

Notiere deine Erkenntnisse.

....

....

ÜBUNG: EMPATHIE-MAP

Diese Übung habe ich aus dem spielerischen Ansatz für agiles Projektmanagement entnommen und an die Methode der *Gewaltfreien Kommunikation* angepasst. Durch diese Übung begibst du dich auf die Reise in das Innere deines *Feindes*. Du fühlst dich in ihn ein und vermutest seine erfüllten und unerfüllten Bedürfnisse.

Du brauchst ein DIN-A3-Papier, Klebezettel und verschiedenfarbige Stifte.

Male in die Mitte des Papiers stilisiert den Kopf deines *Feindes* und notiere darunter seinen Namen, mit einer Zuschreibung, die du zu dieser Person im Kopf hast, zum Beispiel wütendes Kind, doofer Nachbar, anstrengende Mutter, nerviger Bruder, blöde Chefin ...

Male um den stilisierten Kopf die unterschiedlichen Felder.

- Oberhalb des Kopfes befindet sich eine Gedankenblase,

- rechts neben dem Kopf eine Sprechblase,

- links neben dem Kopf ein Ohr,

- unterhalb malst du ein Herz.

- Unterhalb des Herzens gibt es je ein Feld für die erfüllten und unerfüllten Bedürfnisse dieser Person.

Auf Klebezetteln notierst du alles, was dir zu den jeweiligen Feldern einfällt.

Begib dich dabei gedanklich in die Sichtweise deines *Feindes*. Bringe die Klebezettel an der entsprechenden Stelle auf dem Plakat an.

Bleibe bei dem, was sichtbar und spürbar wird.

Sobald du merkst, dass du dich über etwas ärgerst, einen Kommentar gibst, höre dir zu und gib dir Selbst-Einfühlung.

Gehe dann wieder zurück zu der Person, in die du dich gerade einfühlst.

Was hat sich durch diese Einfühlung verändert?

Notiere dir deine Erkenntnisse.

....

....

....

WAS UNS VERBINDET: GEWALTFREI UNTERBRECHEN IM ALLTAG

Es gibt Menschen, die ohne Punkt und Komma reden, und es fällt schwer, sie zu unterbrechen. Und es gibt Situationen, in denen du etwas hörst, das dich verletzt. Auch in diesen Momenten fällt es dir vielleicht schwer zu unterbrechen. Mal gelingt es dir, mal nicht. Ich glaube, wir haben in unserer Alltagssprache keine nützliche Strategie, um zu unterbrechen.

Doch was hindert dich daran, eine Person zu unterbrechen, wenn du ihr nicht mehr zuhören kannst? Ich fand es lange Zeit unhöflich und respektlos, jemanden zu unterbrechen. Dass ein Redeschwall auch mir gegenüber unhöflich und respektlos ist, habe ich früher nicht gesehen. *Gewaltfreies Unterbrechen* lernte ich in einem meiner GFK-Trainings. Es war für mich erleichternd zu erfahren, dass es möglich ist, bedürfnisbasiert zu unterbrechen und gleichzeitig respektvoll zu bleiben.

Marshall Rosenberg schlägt vor, eine Person dann zu unterbrechen, wenn man ein Wort mehr gehört hat, als man hören kann. Die Menge der Wörter ist sicherlich für jeden von uns unterschiedlich und abhängig von der Person, die redet. Im Folgenden ein Beispiel. Wobei ich mir sicher bin, dass dir selbst einige Beispiele einfallen.

Ulis Mutter liebt es, Erlebnisse mit genauen Uhrzeiten oder Jahreszahlen auszuschmücken. Dadurch werden die Erzählungen so langatmig, dass es ihm schwerfällt zu folgen. Ihm ist es egal, ob sie den Bus um 14.32 Uhr oder um 14.37 Uhr genommen hat oder ob sie den Koffer 1992 oder 1995 kaufte. Seiner Mutter ist es wichtig. Früher schaltete Uli auf Durchzug. »Rechts rein, links raus«, sagte er dann. Was dazu führte, dass er seiner Mutter nicht mehr zuhörte und nicht mitbekam, wenn es um wichtige Dinge oder Absprachen ging. Er reagierte genervt und hatte keine große Lust mehr, sie zum gemeinsamen Essen zu besuchen. Heute unterbricht er seine Mutter mit einem Selbst-Ausdruck auf Basis der vier Schritte, wenn ihm eine Erzählung von ihr zu lange dauert oder mit Uhrzeiten und Jahreszahlen geschmückt wird.

»Mama, ich merke, ich werde unruhig und ich kann dir nicht mehr folgen. Gleichzeitig scheint es ein wichtiges Thema zu sein. Kannst du mir bitte sagen, was für dich daran wichtig ist? Ich wüsste gerne, wie es dir jetzt geht.« Durch diese Form der Unterbrechung haben sich die Gespräche deutlich geändert. Uli erfährt so beispielsweise, dass der Koffer kaputt ist und nicht mehr repariert werden kann. Er hört, sie habe so viele gute Erinnerungen an die Reisen und der Koffer habe sie stets treu begleitet. Diese Erinnerungen machen sie traurig und sie bedauere es, nicht mehr so wie früher reisen zu können. Durch die Unterbrechung erfährt er mehr von seiner Mutter. Er freut sich über die neue, tiefere Verbindung und hört ihr seitdem lieber zu.

Aus *Unhöflichkeit* **nicht** zu unterbrechen, hindert dich daran, mit der anderen Person im Kontakt zu bleiben. Darüber hinaus hindert es dich daran, mit dir selbst in Verbindung zu kommen. Durch Gedanken wie »*Wann hört er endlich auf zu reden?*« oder »*Jetzt redet sie wieder ohne Ende*« bist du mit deinen Bewertungen verbunden, aber nicht mit deinen Bedürfnissen.

In Gesprächen werden Informationen ausgetauscht, es wird sich gegenseitig zugehört und es werden Meinungen vertreten. Damit deine Gespräche zu verbindenden Dialogen werden, richte einen großen Teil deiner Aufmerksamkeit auf dich. Es ist unwahrscheinlich, dass die andere Person dies für dich tut, weil sie beim Sprechen mit ihren Gedanken verbunden ist. Bleibe in Gesprächen mit etwas mehr deiner Aufmerksamkeit bei dir als bei der anderen Person, circa 60 Prozent zu 40 Prozent. Dadurch ermöglichst du dir, deine Gedanken, Bewertungen, Gefühle und Bedürfnisse frühzeitig zu erkennen, und es fällt dir dann leichter zu unterbrechen.

Für mich war es wie ein Sprung ins kalte Wasser. Ich musste anfangs meinen ganzen Mut zusammennehmen, um andere zu unterbrechen. Ich befürchtete, selbst wieder unterbrochen zu werden, oder heftige Reaktionen und Widerstand meiner Gesprächspartner. Denn für sie war es ebenso ungewohnt, unterbrochen zu werden.

Während meiner Mediationsausbildung lernte ich, den Redefluss der Medianten nach maximal drei Sätzen zu unterbrechen. Die Unterbrechung entschleunigt die Kommunikation. Die Aussagen können in Gefühle und

Bedürfnisse übersetzt werden, was gegenseitiges Verständnis ermöglicht. Das ist häufig der Moment, in dem sich die Menschen *verstanden fühlen*, *gesehen* mit dem, was ihnen wichtig ist. Verbindung entsteht und der Perspektivenwechsel kann geschehen.

Um die Gefühle und Bedürfnisse anderer *sichtbar* zu machen, hilft es deshalb, so früh wie möglich zu unterbrechen. Ansonsten kommt es dazu, dass du mit deinen Bewertungen, Urteilen und Gedanken verbunden bist und nicht mehr wertschätzend im Sinne der GFK unterbrechen kannst. Unterbrich die andere Person nach drei Sätzen oder wenn du ein Wort mehr gehört hast, als du zu hören bereit bist. Um wertschätzend zu unterbrechen, ist es praktisch, ein paar Formulierungen parat zu haben. Sie unterstützen dich dabei, das *Richtige* zu sagen, sie sind wertschätzend und werden erfahrungsgemäß nicht als störend empfunden, sondern als Verbindungseinladungen gesehen. Ein selbst gewähltes *Stoppsignal* hilft dir, dich daran zu erinnern. Hier findest du ein paar Beispielsätze, mit denen du unterbrechen kannst.

- **»Stopp! Ich kann dir gerade nicht mehr folgen/dir nicht mehr zuhören. Was genau möchtest du mir sagen?«**
- **»<Name>, ich habe JETZT keine Zeit, mich weiter zu unterhalten. Sag mir bitte, was du von mir hörst.«**
- **»Ich unterbreche dich jetzt und sage dir, was ich von dir gehört habe. Dann möchte ich dir gerne sagen, wie es mir damit geht.«**
- **»Halt! Ich würde dir gerne sagen, was ich von dir gehört habe … Ist es das, was du mir sagen willst?«**

Diese Formulierungen sind Verbindungsbitten[35]. Sie helfen, die Gefühle und Bedürfnisse der Gesprächspartnerinnen sichtbar zu machen, und sie helfen dabei zu zeigen, ob die andere Person so verstanden wurde, wie es ihr wichtig war. Daraus entstehen verbindende Dialoge.

Notiere dir hier deine persönlichen Formulierungsvorschläge zum *Gewaltfreien Unterbrechen*:

- ....

- ....

- ....

- ....

- ....

- ....

Mit der folgenden Übung übst du *gewaltfreies* Unterbrechen im geschützten Rahmen.

ÜBUNG: GEWALTFREIES UNTERBRECHEN[36]

Bitte eine Person deines Vertrauens, diese Übung gemeinsam mit dir durchzuführen. Beschreibe ihr die Gesprächssituation und bitte sie, in die Rolle der viel redenden Person zu schlüpfen.

Vereinbare, dass deine Übungspartnerin beim Stoppzeichen aufhört zu reden, sodass es dir leichtfällt, sie zu unterbrechen. Im weiteren Verlauf und mit wachsender Sicherheit bei dir könnt ihr den Übungsgrad erschweren.

Schritt 1: Formuliere dein persönliches Stoppzeichen. Das kann ein Wort, eine Geste oder ein Signal sein, das du nutzt. Du kannst etwa sagen:

»*Stopp! + <VORNAME>*«

»*Halt, <VORNAME>! Ich kann dir eben nicht mehr folgen.*«

Räuspern ... »*<VORNAME>*«

Schritt 2:

Formuliere deinen Selbst-Ausdruck auf Basis der vier Schritte, zum Beispiel:.

1. »Stopp! + den Namen der Person«
2. »Wenn du sagst ... (Beobachtung)
3. ... werde ich unruhig, (Gefühl)
4. weil ich Klarheit brauche. (Bedürfnis)
5. Kannst du mir sagen, was du von mir hörst? (Bitte)

Du kannst die Unterbrechung auch in deiner Alltagssprache formulieren:

»Halt, <VORNAME>! Ich kann dir nicht mehr folgen und würde gerne verstehen, was du mir sagen willst. Kann ich dir sagen, was ich von dir gehört habe?«

Schritt 3: Tauscht euch im Nachgang darüber aus, wie es für jede von euch in der Rolle war.

Vertiefung:

Ihr könnt zum weiteren Üben die Rollen tauschen, damit du ebenfalls in den »Genuss« des Unterbrochen-Werdens kommst.

Welche Erkenntnisse hast du gewonnen? Notiere sie dir.

....

....

....

WAS UNS VERBINDET: EMPATHIE IN KONFLIKTEN

Konflikte sind Bestandteile unseres Lebens. Die schlechte Nachricht ist: Sie sind normal und es wird kein Leben ohne Konflikte geben. Die gute Nachricht ist: Sie sind normal und es wird kein Leben ohne Konflikte geben.

Es gibt innere Konflikte, Konflikte mit anderen Menschen oder Personengruppen, es gibt Konflikte auf der Sach- und auf der Beziehungsebene. Von einem Konflikt spricht man, wenn Meinungen, Interessen oder Zielsetzungen von Personen oder Gruppen unvereinbar erscheinen. Das Finden einer Lösung wird durch die Überzeugung, dass die eigene Sichtweise die *richtige* ist, und die Unwilligkeit, die Sichtweise der anderen Person einzunehmen, erschwert.

Selbst wenn es widersprüchlich klingt: Zwingend eine Lösung finden zu wollen, erschwert die Lösung des Konflikts. In der *Gewaltfreien Kommunikation* geht es deshalb nicht um das Finden von Lösungen. Sondern es geht um das Sichtbarmachen der hinter dem Konflikt liegenden unerfüllten Bedürfnisse. Erst wenn diese ausreichend gesehen werden und sich dadurch Entspannung und Verbindung einstellen, kann nach gemeinsamen Lösungen gesucht werden. Eine Lösung ist dabei die konkrete Strategie, über die sich die Konfliktparteien ihre Bedürfnisse erfüllen.

Erinnerst du dich an die Grundannahme zu den Strategien und Bedürfnissen?

→ Es sind die Strategien, über die wir streiten. Aber die Ursache für einen Streit oder Konflikt sind unsere unerfüllten Bedürfnisse.

Mit den vier Schritten der GFK machen wir die Bedürfnisse aller sichtbar, um gemeinsame Lösungen zu erarbeiten. Das stärkt die Beziehungsebene. Im Fokus einer empathischen Konfliktklärung steht die Beziehung und die Verbindung zueinander. Nicht die Lösung des Konflikts.

Bewertungen, Urteile und Analysen über die konflikthafte Situation und beteiligte Personen erschweren es, auf der Bedürfnisebene anzusetzen. Solange eine Seite glaubt, im Recht zu sein, geht es nicht um Bedürfnisse, sondern um Meinungen oder Strategien, auch darum, die andere Seite zu überzeugen. Dass sich die Personen ihrer Emotionen und Gefühlslagen im Konfliktfall nicht bewusst sind und nicht gelernt haben, die Bedürfnisse in den Blick zu nehmen, ist ein echter Verhinderer für Verbindung. Konflikte werden stattdessen auf der Strategieebene ausgetragen, manchmal bis zum totalen Zerwürfnis.

Es scheint auch einfacher, eine Lösung anzubieten und darauf zu beharren, diese Lösung umzusetzen. Das scheint deshalb so einfach, weil man die Situation aus der eigenen Perspektive betrachtet. Man sieht, was der anderen Person womöglich verborgen bleibt, und glaubt zu *wissen*, was jetzt das Beste für alle ist. Für den Moment kann das funktionieren. Gleichzeitig wird sich der Konflikt wiederholen oder an anderer Stelle neu zeigen, wenn man seine Bedürfnisse und die der anderen Person nicht beachtet. Erinnere dich an einen Konflikt, den du mit einer anderen Person hattest und von dem du dachtest, er sei gelöst, und er es letztlich doch nicht war.

Empathie hilft dir in akuten Konflikten. Gleichzeitig ist nicht jeder Konflikt akut. Es gibt die schwelenden, leisen oder wiederkehrenden Konflikte. Die Konfliktforschung spricht von *heißen* und *kalten* Konflikten. Ein *heißer* Konflikt ist ein Konflikt, den du im *Hier und Jetzt* austrägst. Vielleicht schreist du eine andere Person an, diskutierst heftig, beharrst auf deiner Meinung oder bist wütend und sauer. Du spürst die Energie des Konfliktes und kannst genau sagen, wer oder was dich aus der Fassung bringt. Bei einem *heißen* Konflikt kannst du die vier Schritte durch *Notfall-Selbst-Empathie* oder *Notfall-Empathie* einsetzen und direkt auf die Gefühls- und Bedürfnisebene gehen. Dadurch stellst du eine emotionale Distanz zu dir, deinen Bewertungen und denen der anderen Person her und es gelingt dir leichter, die Situation zu deeskalieren.

Kalte Konflikte hingegen finden nicht direkt im Hier und Jetzt statt. Der Auslöser liegt meist schon lange zurück. Solche Konflikte werden indirekt ausgetragen. Bei einem *kalten* Konflikt bist du daran interessiert zu gewinnen, zu siegen oder hast dich aufgegeben und findest dich in der Opferrolle wieder. Du bist entkoppelt von deinen Gefühlen und Bedürfnissen, dafür eng verbunden mit deinen Gedanken und Bewertungen, Urteilen oder Interpretationen. Über die Ungerechtigkeit, die dir widerfährt, über das Fehlverhalten der anderen Person, über die Boshaftigkeit des anderen oder das Unvermögen, dich zu verstehen.

Gefährlich ist, dass wir unsere *kalte Konfliktblase* aufbauen, ausweiten und sie als allgemeingültige Wahrheit postulieren. Die andere Person haben wir schon lange aus dem Blick verloren. Dafür stärken wir unser *Feindbild* über sie, und das hilft uns, uns noch mehr von unserer Gefühls- und Bedürfniswelt zu distanzieren. Bei einem kalten Konflikt sind beide Parteien in ihrer eigenen Blase gefangen. Es gibt keine Verbindung.

Vor ein paar Jahren nahm ich an einem GFK-Intensivtraining im Westjordanland teil. Dort traf ich Menschen aus aller Welt, auch aus Israel und Palästina. Ich erlebte, wie sich Israelis und Palästinenser gegenseitig beschuldigten. In einem der Workshops beschimpfte ein Palästinenser einen Israeli lautstark, er habe seinen Bruder getötet und sei schuld an seinem Leid und dem seiner Familie. Er schrie ihm seinen Frust entgegen. Der Israeli stand aus Sicht des Palästinensers für das Böse. Mithilfe einer der Trainerinnen gelang es, die Vorwürfe in Gefühle und Bedürfnisse zu übersetzen. Ihm fiel es sichtlich schwer, seine Vorwürfe zu verwandeln. Dem Israeli gelang es, ins Mitgefühl zu gehen und ihm empathisch zu begegnen. Nach anfangs großem Misstrauen baute sich nach und nach eine zerbrechliche Brücke der Verbindung zwischen beiden auf. Es dauerte lange, bis sich beide hören konnten. Es wurde ruhiger und die Spannung im Raum ließ spürbar nach. Es war für die beiden wichtig, sich gegenseitig zu hören und mit Empathie und Wohlwollen zu begegnen. Für diesen kurzen Moment konnten sie sich gegenseitig als Menschen begegnen. Nicht als Monster, Feinde oder Kriegsgegner. Die Verluste, der Schmerz und das Leid können dadurch nicht verschwinden oder aufgelöst werden. Ziel dieser Begegnungen und der Verbindung ist es, dass sie sich gegenseitig in ihrer Verletzlichkeit wahrnehmen. Für einen kurzen Moment war dies für die beiden und uns anderen spürbar. Als *Zeugin* dieser empathischen Verbindung war ich plötzlich *Beteiligte*. Ich konnte beide mit ihrem Schmerz und ihrem Frust sehen, bekam Einblicke darin, was es bedeutet, in einer Region zu leben, die von Ungleichheiten und ständigen militärischen Bedrohungen geprägt ist. Mir wurde bewusst, dass die Lösung genau darin besteht: im Sichtbarmachen dessen, was sonst verborgen bleibt. Das, wovor man womöglich Angst hat. Die Gefühle der anderen Person zuzulassen und die dahinterliegenden Bedürfnisse zu erkennen. Für den Palästinenser und den Israeli war es ein Anfang, ein zartes Pflänzchen, das gehegt und gepflegt werden will. Bedauerlicherweise eskaliert es gerade jetzt, da ich dieses Kapitel schreibe, wieder einmal in dieser Region, die so reich und wunderbar ist.

Einen erkalteten, tiefen, lang anhaltenden Konflikt zu befrieden, braucht Vertrauen und Geduld. Vertrauen in die vier Schritte, in sich selbst und darauf, dass es unter Umständen keine Lösung für diesen Konflikt geben wird. Vertrauen darauf, dass eine Verbindung zwischen den Konfliktparteien entsteht, die mit der Zeit tragfähiger wird, und die Bereitschaft wächst, sich wieder und wieder zu begegnen. Sich wieder und wieder zu zeigen, mit dem eigenen Schmerz, mit den inneren Konflikten, mit der eigenen Ohnmacht und Ratlosigkeit. Denn es ist schwer, den anderen in seinem Schmerz sehen zu können, wenn der eigene Schmerz alles überschattet.

Ich bedaure es, dass ich während meiner Kindheit und Schulzeit keinen Unterricht in Konfliktmanagement hatte. Gleichzeitig bin ich dankbar, als Erwachsene die GFK kennengelernt zu haben. Mit den vier Schritten habe ich ein Werkzeug an die Hand bekommen, um alltägliche kleine wie große Konflikte auf neue, andere Weise zu betrachten und zu lösen.

Als Mediatorin begleite ich Menschen dabei, ihre Konflikte im geschützten Rahmen anzuschauen und eigenverantwortlich zu lösen. Mit den vier Schritten *erhöht* sich die Wahrscheinlichkeit, dass Verbindung zwischen den Konfliktparteien entsteht. Manchmal gelingt es auch hier nicht. Je nachdem, wie groß die Verletzung ist, braucht es mehr Vertrauen, Geduld und Zeit der Medianten, sich auf diesen Prozess einzulassen. Eine Mediation ist manchmal *nur* ein Anfang für einen tiefer gehenden Konfliktklärungsprozess. Aber wenn Verbindung entsteht und die beteiligten Personen bereit sind für einen Perspektivenwechsel und dazu, sich in die andere Person einzufühlen, löst sich der Konflikt fast wie von selbst.

Wir alle lösen Konflikte auf unterschiedliche Weise. Es gibt defensive Menschen, die kompromissbereiter sind. Es gibt die, die ihre Meinung unbedingt durchsetzen wollen, um hinterher als Gewinner dazustehen. Es gibt Menschen, die vermitteln. Meist geschieht die Konfliktklärung unbewusst oder durch das Machtwort einer dritten, außenstehenden Person (oder Institution). In unserer Kultur haben wir dafür die Gerichtsbarkeit, die angerufen wird, um Recht zu sprechen. In der Schule sind es meistens die Lehrerinnen, die für Konfliktklärung sorgen. Zu Hause halten es Eltern häufig nicht aus, wenn sich die Kinder streiten, und greifen ein. Auf diese Weise werden Konflikte meist nicht gelöst, sondern es werden Lösungen gefunden, die für kurzfristige Harmonie und Ruhe oder traurigerweise für Schweigen sorgen.

Spätestens wenn sich die beiden Streithähne wieder treffen, kommt es zu einem erneuten Streit. Wird eine dritte Partei zur Befriedung hinzugezogen, entscheidet diese in der Regel nach persönlicher Einschätzung und eigenem Wertesystem. Die Bedürfnisse und Anliegen der Konfliktparteien werden im Alltag nicht erörtert. Was die folgende Geschichte verdeutlicht.

> Zwei Kinder streiten sich lautstark um eine Orange. Die Mutter geht hin und teilt die Orange in zwei gleich große Hälften, gibt sie den Kindern und sagt: »So, jetzt hat jeder von euch beiden denselben Anteil!« Daraufhin antwortet das erste Kind: »Aber ich wollte die Orange doch auspressen, um leckeren Saft zu bekommen.« Das andere Kind sagte: »Ich brauche die Schale, um sie für den Kuchen zu reiben.«

Konflikte, die auf der reinen Strategieebene gelöst werden, sind nicht gelöst. Erst, wenn wir uns auf die Gefühls- und Bedürfnisebene begeben, gelingt eine nachhaltige und verbindende Streitbeilegung.

Egal, ob ich als Dritte – Unparteiische – hinzugezogen werde oder ob ich selbst Konfliktpartei bin: In beiden Fällen ist Empathie der Schlüssel zur nachhaltigen Klärung. Wie schon mehrfach betont, *erhöhst* du mit den vier Schritten die Wahrscheinlichkeit, Konflikte nachhaltig zu lösen. Eine Garantie gibt dir die GFK jedoch nicht.

Du kannst folgendermaßen vorgehen, wenn du einen Konflikt klären willst, bei dem du selbst beteiligt bist. Halte die Reihenfolge ein, um dir deiner Absicht und deiner unerfüllten Bedürfnisse in dieser Situation klar zu werden.

1. **Selbst-Einfühlung** (siehe die Seiten 29 bis 30)
   Nutze den Prozess der Selbst-Einfühlung, um dich mit deinem Bedürfnis zu verbinden. Außerdem hilft er dir, während des gesamten Prozesses mit dir selbst in Verbindung zu bleiben. Es fällt dir dann leichter, eigene Urteile, Bewertungen oder Auslöser in Bezug auf die andere Person oder dich selbst wahrzunehmen.

2. **Feindbild transformieren** (siehe die Seiten 124 bis 126)
   Es kann sein, dass du Urteile über eine der Konfliktparteien hast. Ein Urteil über eine andere Person färbt deine Haltung ihr gegenüber. Mache dir deine Urteile und Gedanken über diese Person bewusst, um sie zu verwandeln.

3. Empathischer Dialog/Empathisches Zuhören (siehe die Seiten 108 und 109)

Die Fähigkeit, Aussagen in Gefühle und Bedürfnisse zu übersetzen, *erhöht* die Wahrscheinlichkeit, dass die Aussagen nicht als Vorwurf gehört werden. Die Fähigkeit des empathischen Zuhörens ist deshalb die Voraussetzung für empathische Dialoge.

Du musst keine ausgebildete Mediatorin sein, um auf Basis der *Gewaltfreien Kommunikation* im Konfliktfall zu vermitteln. Verbindung entsteht dann, wenn wir auf die Gefühls- und Bedürfnisebene aller Beteiligten eingestellt sind. Dies erinnert mich an eine berührende Situation während meiner Zwischenstation als Grundschullehrerin.

In der großen Pause kam Anna, Klasse 3, auf mich zugerannt und sagte außer Atem und aufgeregt: »*Frau Schulze, Frau Schulze, Sie müssen uns helfen. Es geht um Liebe!!!*« – »*Was kann ich tun?*«, fragte ich innerlich schmunzelnd. »*Der Tom und die Sarah sind verliebt. Aber der Tom und ich, wir gehen nach der Schule immer gemeinsam nach Hause. Jetzt ist die Sarah sauer auf mich!*« – »*Und was kann ich da machen?*«, fragte ich Anna. »*Sie müssen helfen, Sarah will nicht mehr mit mir reden und Tom weiß nicht, was er tun soll. Sarah ist doch auch meine Freundin. Und nur, weil Tom und ich nebeneinander wohnen, ist sie jetzt sauer auf mich.*« Ich bat Anna darum, die anderen beiden zu fragen, ob sie bereit für ein gemeinsames Gespräch seien. Ich schlug ein Treffen nach der letzten Stunde vor. Wir waren alle ein wenig aufgeregt – ich eingeschlossen, denn es ging ja schließlich um Liebe.

Als wir zu viert waren, fragte ich: »*Wer will jetzt von wem gehört werden?*« Anna begann: »*Sarah, du bist sauer auf mich, weil ich mit Tom nach der Schule nach Hause gehe.*« – »*Ja*«, antwortete Sarah, »*Tom ist doch mein Freund und ich finde es doof, dass ihr immer zusammenhängt.*« Ich bat Anna zu wiederholen, was sie von Sarah gehört hatte. Sie sagte: »*Du findest es doof, dass Tom und ich zusammen heimgehen.*« – »*Ja, total*«, sagte Sarah. Schweigen. »*Ich weiß ja, dass ihr nebeneinander wohnt. Du kannst Tom viel öfter sehen als ich, und das finde ich doof.*« Daraufhin fragte ich Sarah: »*Bist du besorgt, dass Tom mehr Zeit mit Anna als mit dir verbringt?*« – »*Ja, ich wohne weiter weg und*

> wir können uns nur hier in der Schule sehen«, sagte sie geknickt. »Du bist traurig, dass du Tom nicht so oft sehen kannst, wie du es gerne hättest?«, fragte ich weiter. Schweigen. Anna nahm Sarah in den Arm und sagte: »Was sollen wir jetzt machen? ... Tom und ich gehen immer zusammen nach Hause. Und du bist doch auch meine Freundin. Ich will mich gar nicht mit dir streiten.« Wieder Schweigen. »Stimmt, wir sind Freundinnen und Tom ist jetzt mein Freund. Geht es denn nicht, dass wir zu dritt zusammen sein können?«, fragte Sarah und sah mich an. Ich antwortete nicht, denn mir war wichtig, dass die drei für sich selbst eine Lösung finden konnten. Deshalb wiederholte ich ihre Frage: »Du fragst dich, ob es möglich ist, zu dritt befreundet zu sein?« Ich gab ihre Frage an die anderen beiden weiter: »Wie seht ihr das?« Tom sagte: »Na ja, irgendwie sind wir zu dritt befreundet. Aber ich sag mal so: Mit Anna gehe ich nach Hause. In die Sarah bin ich verliebt. Aber das heißt nicht, dass wir nicht zu dritt spielen können«, stellte Tom fest. Und Anna sagte: »Das sehe ich genauso. Außerdem spielen Tom und ich sonst gar nicht so viel miteinander. Ihr könnt euch ja zu zweit treffen. Und vielleicht möchte ich mich nur mit dir, Sarah, zum Spielen verabreden.« Sarah schien erleichtert. »Wie wäre es, wenn ich meine Mutter frage, ob ich auch einmal mit euch zusammen nach Hause laufen kann? Vielleicht können wir uns heute Nachmittag zum Spielen verabreden. Hast du schon was vor, Anna?«, fragte Sarah. Ein Strahlen ging über Annas Gesicht.

Mir war es in dieser Situation wichtig, die Kinder dabei zu unterstützen, sich gegenseitig zu hören, um eine Lösung zu finden, die ihren eigenen Bedürfnissen entsprach. Ich bin sicher, dass diese Fähigkeit zur bedürfnisorientierten Lösungsfindung in uns allen schlummert.

Nützlich ist es dennoch, beim Vermitteln von Konflikten in alltäglichen Situationen die Verfahrensgrundsätze zur konstruktiven und bedürfnisorientierten Klärung zu kennen. Hier findest du die Grundsätze und Regeln, die es dir erleichtern, in *kleinen, wiederkehrenden, alltäglichen Konflikten* gemeinsam mit den Beteiligten nachhaltige, bedürfnisbasierte Lösungen zu finden.[37]

Verfahrensgrundsätze

Vertraulichkeit

Wenn du in einen Konflikt zur Klärung unterstützend eingebunden bist, gilt, dass alles, was gesagt wird, im Raum bleibt und diesen nicht verlässt. Weder sprichst du als vermittelnde Person mit Dritten über die Inhalte und das, was gesagt wurde, noch ist es den beteiligten Personen gestattet. Der Vertraulichkeitsgrundsatz erleichtert den Konfliktparteien, sich zu öffnen, fördert die Verbindung untereinander und stärkt das gegenseitige Vertrauen.

Transparenz

Stelle sicher, dass die Anwesenden wissen, warum du hier bist, wie es dazu kam und was deine Rolle ist. In einer spontan entstandenen Situation brauchst du diesen Grundsatz nicht ausdrücklich aufzuzeigen. Es kann dennoch notwendig sein zu sagen, dass du diese Rolle jetzt übernommen hast. Bringe dies zum Ausdruck, indem du sagst, was dein Anliegen ist. »*Ich würde euch gerne bei der Klärung unterstützen. Ist das für euch in Ordnung?*«

Freiwilligkeit

Freiwilligkeit *erhöht* die Bereitschaft, die andere Person zu hören. Weder du als vermittelnde Person bist *gezwungen* zu vermitteln noch sind die Streithähne dazu verpflichtet. Mach die Beteiligten auf die Freiwilligkeit im Vorfeld aufmerksam. Du kannst beispielsweise fragen: »*Seid ihr bereit, euch gemeinsam mit meiner Unterstützung den Konflikt anzuschauen?*« Ist es eine der Personen nicht oder bricht ab, ist dies zu respektieren von dir als Begleitung und von den anderen Beteiligten. Möglicherweise geht es um die Bedürfnisse *Schutz* oder *Sicherheit*, die in diesem Moment nicht erfüllt sind.

Eigenverantwortung

Die Verantwortung für die Gefühle und unerfüllten Bedürfnisse, die im Konflikt sichtbar werden, liegen bei den Parteien. Du fungierst in einem solchen Fall als Übersetzerin der Vorwürfe in Gefühle und Bedürfnisse. Nicht mehr und nicht weniger. Mit Formulierungshilfen wie »*Du scheinst <GEFÜHL> zu sein, weil du <BEDÜRFNIS> brauchst*« kann es gelingen, die Gefühle und Bedürfnisse der Personen für alle Anwesenden sichtbar zu machen. Die Verantwortung für das, was die Beteiligten von sich zeigen wollen, liegt allein bei ihnen.

Ergebnisoffenheit

Du folgst in deiner Rolle als Vermittlerin dem Prozess und nicht deiner Vorstellung einer idealen Lösung. Die Lösung finden die Konfliktparteien selbst oder sie finden keine. Ergebnisoffenheit gilt für alle am Konflikt Beteiligten. Oftmals verfolgen die Beteiligten eigene Ziele und sind nicht ergebnisoffen. Dann ist es an dir, die Transparenz herzustellen. Frage nach, indem du das angepeilte Ergebnis benennst und es auf diese Weise sichtbar machst. »*Kann es sein, dass du denkst, die Lösung sieht so oder so aus?*« Oder: »*Kann es sein, dass du willst, sie soll das und das machen?*«

Allparteilichkeit

In der Rolle des Vermittlers bist du Teil des Konfliktlöseprozesses. Du bist Beteiligter, aber nicht für oder gegen eine der Personen. Wenn du feststellst, du sympathisierst oder entwickelst eine Antipathie gegen eine der Personen, prüfe, ob du weiterhin allparteilich bleiben kannst. Allparteilichkeit bedeutet nicht, neutral zu sein. Schließlich gehörst du auch dazu. Sobald du einen Auslöser in dir wahrnimmst, der dich entweder selbst in Bedrängnis bringt oder dich Lösungen anbieten lässt, mache eine Pause und durchlaufe eine Selbst-Einfühlung. Bleibe transparent für die Menschen, die du begleitest.

Diese Verfahrensgrundsätze dienen dir dazu, eine Vorstellung zu bekommen, wie konstruktive, nachhaltige und vor allem eine bedürfnisbasierte Konfliktklärung gelingen kann. Darüber hinaus kannst du sie zur Vorbereitung und Reflexion deines eigenen Verhaltens nutzen. Vor allem, wenn du dich in der Rolle der Vermittlerin wiederfindest. Es spielt keine Rolle, ob es deine Kinder, Arbeitskollegen, Mitarbeitende, Freunde oder Verwandte sind, die sich streiten. Es kommt vor, dass Menschen in deiner Anwesenheit in Streit geraten, auch wenn du nichts damit zu tun hast. Vielleicht erkennst du den Impuls, direkt einzugreifen und zu schlichten, weil es für dich unerträglich ist oder du besorgt bist, die Situation könne eskalieren. Dann halte inne und bereite dich vor. Du kannst dich jederzeit entscheiden, beizutragen oder auszusteigen. Deshalb findest du hier eine Anleitung zur Vorbereitung auf deine Rolle als vermittelnde Person und weitere Vorschläge, wie du im akuten Konfliktfall vorgehen kannst.

Deine Vorbereitung

1. Verbinde dich mit deiner Absicht/deinem Bedürfnis, aus dem heraus du unterstützen willst.
2. Prüfe, ob du parteiisch bist; wenn ja, lehne die Vermittlung ab oder
3. verbinde dich mit deiner Allparteilichkeit. Gelingt dir das nicht, suche nach Unterstützung.
4. Versichere dich vorab, dass die Beteiligten mit deiner Rolle als Vermittlerin einverstanden sind. Eine ungefragte/ungeklärte Streitschlichtung läuft Gefahr, die Dynamik des *Dramadreiecks*[38] anzunehmen.

Im Konfliktgespräch

1. Wiederhole der Reihe nach das, was du von den Personen hörst. Versichere dich, ob du sie so gehört hast, wie sie gehört werden wollen.
   (a) Übersetze das Gehörte in Gefühle und Bedürfnisse.
   (b) Frage, ob du mit deiner Vermutung richtigliegst.
      Bleibe unbedingt im Fragemodus.
2. Fahre fort, abwechselnd die Personen zu hören, und wiederzugeben, was bei dir ankommt.
3. Fasse für alle Beteiligten die Sichtweisen unter Benennung der Gefühle und Bedürfnisse zusammen …
4. … und schweige.
5. Biete keinesfalls Lösungen oder Vorschläge an. Bleibe im Prozess des empathischen Zugewandt-Seins.

Wenn du merkst, dass es dir zu viel ist oder du selbst emotional in den Prozess einsteigst, dann zeige dich damit. Teile dich in einem Selbst-Ausdruck mit und entscheide, ob du weiter unterstützen kannst oder deine Rolle für diesen Moment niederlegst.

Probiere dich in der Konfliktbegleitung in Alltagssituationen aus. Du schulst dadurch deine Fähigkeit, empathisch zuzuhören, baust deinen Gefühls- und Bedürfniswortschatz auf und trägst zu mehr Ruhe und gegenseitigem Gehört- und Gesehen-Werden bei.

WAS UNS VERBINDET – WENN WIR *NEIN* SAGEN

»Willst du mit mir gehen? Kreuze an:

○ Ja

○ Nein!

○ Vielleicht.«

In meiner Grundschulzeit schrieben wir uns in der Klasse solche »Liebes-briefe«. Die Übergabe erfolgte mit großem Herzklopfen. Natürlich wäre es am schönsten gewesen, ein klares *Ja* zu bekommen. Von einem Jungen aus meiner Klasse bekam ich einen solchen Brief, den ich am liebsten mit *NEIN!* beantwortet hätte. Ich kann mich allerdings nicht mehr erinnern, was ich damals geantwortet habe. Es gibt Situationen, in denen es mir schwer-fällt, *Nein* zu sagen. Aus Angst vor Ablehnung, Schuldgefühlen, davor, als schwierig zu gelten oder nicht geliebt zu werden. Dabei habe ich mit einem klaren *Nein* auf Basis der GFK *positive* Erfahrungen gemacht.

Interessanterweise verhält es sich bei mir mit dem *Ja* genau andersherum. Ich sage gerne *Ja*. Das erfüllt mir ein gewisses Maß an Spontanität. Allerdings bekam ich nicht immer mit, wann ich *Ja* gesagt habe. Mir war es wichtig, als unkompliziert zu gelten. Deshalb sagte ich zu schnell *Ja*. In den letzten Jahren habe ich im Nachhinein festgestellt, wie viel Kraft mich ein *Ja* kostet: zu viele Termine, zu viele Verabredungen, zu viele Aufgaben. Ein einmal aus-gesprochenes *Ja* in ein *Nein* zu verwandeln, verlangt erneut Kraftanstrengung.

Entscheidungen zu treffen, gehört zum Leben. Manche Entscheidungen ver-langen ein klares *Ja* oder *Nein*. Mit einem *Vielleicht* ist nichts klar. »*Besser ein Ende mit Schrecken als ein Schrecken ohne Ende*«, sagt ein gängiges Sprichwort. Ein *Nein* kann zu einem Ende führen. Vermutlich sitzt deshalb die Angst vor dem *Nein* so tief, weil damit eine klare Haltung ausgedrückt wird, die etwas definitiv verneint oder beendet. Beim bedürfnisorientierten Ansatz in der *Gewaltfreien Kommunikation* sage ich mit einem *Nein Ja* zu einer anderen Strategie oder zu einem anderen Bedürfnis. Und nicht *Nein* zu einer Person.

Mit der folgenden Schlüsselunterscheidung kannst du herausfinden, wie ein *Nein* in der Alltagssprache und auf *gewaltfreie* Weise ausgedrückt werden kann.

SCHLÜSSELUNTERSCHEIDUNG ZWISCHEN NEIN-SAGEN IN DER ALLTAGSSPRACHE UND NEIN-SAGEN IN DER GFK-HALTUNG[39]

Nein-Sagen in der Alltagssprache

Ich sage, was ich nicht will.

Hilfreiche Frage: Sage ich das, was ich nicht will?

Nein-Sagen in der GFK-Haltung

Ein *Nein* in der GFK-Haltung ist ein *Ja* zu einer anderen Strategie oder zu einem anderen Bedürfnis. Ich drücke empathisch und *positiv* aus, was ich statt der vorgeschlagenen Handlung will. Ich habe meine Bedürfnisse und die der anderen Person(en) im Blick.

Hilfreiche Frage: Drücke ich mein *Nein* zu etwas empathisch und *positiv* aus?

Wenn du dein *Nein* auf empathische Weise ausdrückst, übernimmst du Verantwortung für deine Gefühle, für die Erfüllung deiner Bedürfnisse und deine Handlungen. Es bedeutet im Umkehrschluss nicht, dass es dir egal ist, wie es der anderen Person mit deinem *Nein* geht. Sondern es bedeutet, dass du die Verantwortung für ihre Gefühle und Bedürfnisse bei ihr lässt. Je nachdem, wozu du *Nein* sagst, kann bei der anderen Person eine heftige Reaktion entstehen. *Gewaltfrei Nein* zu sagen, bedeutet unter Umständen, bereit zu sein, gemeinsam mit der anderen Person auf ihre Gefühle und unerfüllte Bedürfnisse zu schauen, um andere Strategien zu finden.

Das empathische *Nein*-Sagen will genauso gelernt werden wie das empathische *Nein*-Hören. Mit einem *Nein* wird Widerstand oder Ablehnung ausgedrückt. *Nein* auf empathische Weise auszudrücken, setzt die Verbundenheit mit sich selbst und seinen Bedürfnissen voraus. Um ein *Nein* empathisch zu hören, ist es hilfreich, sich schnell mit sich selbst zu verbinden, da es ein *Auslöser* sein kann.

Daneben gibt es die kleinen, alltäglichen Situationen, in denen wir eher ein *Nein* als ein *Ja* in uns tragen und sie dennoch ausführen. Ich denke da zum Beispiel an: Hausordnung erledigen, regelmäßig kochen, bügeln, Sport machen, den inneren Schweinehund überwinden …

In diesem Kapitel findest du einige Übungen rund um das Thema *Nein-Sagen*. *Nein* zu selbst gewählten Strategien, zu Tätigkeiten, zu Strategien anderer oder zu den Kosten, wenn du *Ja* sagst, obwohl du *Nein* meinst.

WAS MICH MIT MIR VERBINDET – WENN ICH JA ZU MEINEM NEIN SAGE

Es gibt Tätigkeiten oder Vorhaben, da hast du ein klares *Nein* in dir. Gleichzeitig ist es dir wichtig, diese Tätigkeiten umzusetzen. Mit einem *Nein* wird es schwieriger und anstrengender, diese Tätigkeit auszuführen. Mit der Zeit wird dein Widerstand größer, deine Abneigung wächst und damit auch die Unzufriedenheit. Die anstehende Aufgabe wird anstrengender.

> Früher habe ich mit großem Widerwillen Socken nach der Wäsche zusammensortiert. Ich nörgelte währenddessen laut vor mich hin. Dahinter lag mein unerfülltes Bedürfnis nach Effizienz. Also suchte ich nach Tätigkeiten und Situationen, in denen ich mir Effizienz erfüllte. Meine Nachbarin lieh uns beispielsweise einmal einen elektrischen Fensterputzer aus, mit dem unsere Fenster auf effiziente Weise wieder sauber wurden. Auch meine Waschmaschine und meine Geschirrspülmaschine sind in gewisser Weise effizient. Ich entschied mich bei diesen Überlegungen, mich mit meinem Bedauern und Betrauern über mein *unerfülltes* Bedürfnis *Effizienz* zu verbinden. Das tue ich nun immer bewusst, während ich die Socken sortiere. Das lenkt mich ab und erfüllt mir auf effektive Weise, dass ich zeitgleich die Socken sortiere und in dieser Zeit meine unerfüllten Bedürfnisse bedauern kann. Der Widerstand gegen das Sockensortieren ist fast verschwunden und die Socken sortieren sich wie von selbst in die Schubladen.

Mit der folgenden Übung schaust du auf die Bedürfnisse, die mit deinem *Nein* erfüllt und gleichzeitig unerfüllt sind. Es geht in dieser Übung nicht darum, dich selbst zu überreden, diese Aufgabe trotz deines Widerstandes auszuführen. Sie unterstützt dich dabei, einen bedürfnisbasierten Blick darauf zu werfen, warum du diese Tätigkeit dennoch ausführst, obwohl du ein *Nein* dazu verspürst.

ÜBUNG: MIT DEN VIER SCHRITTEN DAS *JA* HINTER EINEM *NEIN* SICHTBAR MACHEN

Stelle dir ein Nein aus deinem Leben vor wie: »Ich will nicht kochen!/Ich will nicht mit zu Tante Isolde fahren!/Ich will nicht spazieren gehen!«

Schritt 1: Notiere das Nein aus deinem Leben.

....

....

....

Schritt 2: Was spürst du, wenn du an dieses Nein denkst? Wo in deinem Körper kannst du es spüren? Wie lautet das Gefühl?

....

....

....

Schritt 3: Welches Bedürfnis erfüllst du dir durch dein Nein?

....

....

....

Schritt 4: Welches Bedürfnis erfüllt sich nicht, wenn du Nein sagst?

....

....

....

Schritt 5: Welches Bedürfnis erfüllt sich, wenn du diese Tätigkeit dennoch ausführst?

....

....

....

Notiere deine Erkenntnisse.

....

....

....

WAS UNS VERBINDET – WENN ICH *NEIN* SAGE

Bedürfnisbasiertes *Nein*-Sagen solltest du lernen, wenn du dich gut und sicher damit fühlen möchtest. Wie oben beschrieben, gibt es Unterschiede zwischen einem *Nein* in der Alltagssprache und einem *Nein* aus der GFK-Haltung. In diesem Kapitel will ich dich ausdrücklich dabei unterstützen, dein *Nein* zum Ausdruck zu bringen – unter Einbeziehung deiner Bedürfnisse und die deiner Mitmenschen.

Die Angst davor, *Nein* zu sagen, ist groß. Wie ist das bei dir? Hast du schon einmal *Ja* gesagt, obwohl du *Nein* sagen wolltest? Hast du gemerkt, dass dir dieses *Ja* viel abverlangt hat? Vielleicht hast du dich über dich selbst geärgert, weil du jemandem einen Gefallen tun wolltest? Erinnere dich an die Grundannahme der *Gewaltfreien Kommunikation*, dass wir uns mit jeder Handlung, jeder Aussage, allem Tun Bedürfnisse erfüllen. Bei dem – unfreiwilligen – *Ja* hattest du sicher einen guten Grund, *Ja* zu sagen. Vielleicht ging es dir um *Beitragen, Gesehen-Werden, Angenommen-Sein, Zugehörigkeit, Leichtigkeit …*

Die Befürchtung, mit einem *Nein* nicht akzeptiert zu werden oder als schwierig und kompliziert zu gelten, ist weitverbreitet. Wer schlägt schon gerne einen Gefallen aus? Oder wer traut sich, *Nein* zu sagen, wenn die Führungskraft Aufgaben verteilt? Da es für viele von uns neu und ungewohnt ist, Entscheidungen bedürfnisbasiert zu treffen, rutscht ein *Ja* viel schneller heraus, als es gut für uns ist.

Ein *Nein* in der *Gewaltfreien Kommunikation* bedeutet ein *Nein* zu einer bestimmten Strategie. Die Erfahrung zeigt, dass die Rückkopplung mit den eigenen Bedürfnissen im Entscheidungsfall Menschen offener und kreativer im Umgang für neue Lösungen macht. Plötzlich stehen mehr Möglichkeiten im Raum, als uns bewusst sind. Marshall Rosenberg lud dazu ein, zu jedem Bedürfnis 199 verschiedene Strategien zu finden, um den eigenen Handlungsspielraum zu erweitern und sich damit unabhängig von fest eingefahrenen Lieblingsstrategien zu machen.

Mit folgender Schlüsselunterscheidung werfen wir einen tieferen Blick darauf, was es bedeutet, auf Basis der GFK einen Selbst-Ausdruck von sich zu geben oder alltagssprachlich die eigene Meinung auszudrücken.[40] Der Selbst-Ausdruck ist eine wunderbare Art, die eigenen Gefühle und Bedürfnisse mitzuteilen.

SCHLÜSSELUNTERSCHEIDUNG ZWISCHEN SELBST-AUSDRUCK UND DIE EIGENE MEINUNG MITTEILEN

Selbst-Ausdruck

Ich bin mit meiner Beobachtung, meinen Gefühlen und Bedürfnissen verbunden und äußere meine Bitte.

Hilfreiche Frage: Bleibe ich bei mir und drücke meine Beobachtung, mein Gefühl, mein Bedürfnis und meine Bitte aus?

Die eigene Meinung mitteilen

Ich analysiere, bewerte andere oder die Situation eventuell auf moralisierende Weise. Ich bin mit meinen Gedanken verbunden und leite aus diesen Handlungsoptionen ab.

Hilfreiche Frage: Bin ich mit meinen Gedanken verbunden und äußere ich diese?

Im Alltag reihen sich Meinungen aneinander. Bin ich damit einverstanden, kann ich diese Meinung positiv verstärken. Daraus entsteht eine Wahrheit für die beteiligten Personen, die andere Meinungen nicht zulässt. Umgekehrt bieten unterschiedliche Meinungen einen fruchtbaren Boden für Konflikte. Verbinde ich dagegen meine Meinung mit einer konkreten Beobachtung, einem Gefühl und einem erfüllten oder unerfüllten Bedürfnis in Form eines Selbst-Ausdrucks, geht es nicht mehr um die eine Wahrheit. Plötzlich geht es darum, wie ich die Situation empfinde, zu der ich eine Meinung habe.

Unterschiedliche Meinungen sind wunderbare Einladungen zu fruchtbaren, lebendigen Diskussionen, wenn es gelingt, die Gefühle und Bedürfnisse aller zu erkunden. Die Einladung der GFK ist also: Habe eine eigene Meinung, sei dir dessen bewusst und verknüpfe sie mit den vier Schritten. Dann zeigst du dich mit dem, was dir daran wirklich wichtig ist. Dieser Ansatz unterstützt dich auch beim bedürfnisorientierten *Nein*-Sagen. Um die Angst vor dem *Nein* zu Strategien zu verlieren und sich an das *Ja* zur Erfüllung der eigenen Bedürfnisse zu gewöhnen, findest du hier eine Übung. Mit dieser Übung wirst du dir der Kosten bewusst, die du trägst, wenn du *Ja* sagst, obwohl du *Nein* meinst.

ÜBUNG: DIE KOSTEN, WENN ICH *JA* SAGE, OBWOHL ICH *NEIN* MEINE

Schritt 1: Erinnere dich an eine Situation, in der du *Nein* sagen wolltest und es nicht getan hast. Notiere die Situation.

....

....

....

Schritt 2: Was hast du gedacht? Was hast du befürchtet? Was hätte schlimmstenfalls passieren können? Schreibe deine Bedenken auf.

....

....

....

Schritt 3: Wie hast du dich gefühlt, als du *Ja* gesagt hast? Wo in deinem Körper spürst du dieses Gefühl? Benenne es und notiere es dir.

....

....

....

Schritt 4: Welches Bedürfnis hat sich durch das *Ja* erfüllt? Notiere es dir.

....

....

....

Schritt 5: Welches Bedürfnis hat sich dadurch *nicht* erfüllt? Notiere es dir ebenfalls.

....

....

....

Schritt 6: Gab es eine Veränderung in der Beziehung zur anderen Person? Vielleicht kurzfristig? Vielleicht auch längerfristig?

....

....

....

Schritt 7: Siehst du heute eine Möglichkeit – hier im geschützten Rahmen –, dein *Nein* in Form eines Selbst-Ausdrucks *gewaltfrei* auszusprechen? Wenn du unsicher bist, beende deinen Selbst-Ausdruck mit einer Verbindungsbitte. Notiere deinen Selbst-Ausdruck.

....

....

....

Schritt 8: Wie fühlt es sich jetzt an, auf diese Weise ein *Nein* auszudrücken? Spüre dem nach. Notiere deine Erkenntnisse.

....

....

....

WAS UNS VERBINDET: *NEIN* HÖREN – WIDERSTAND GEWALTFREI ANNEHMEN

Die Grundannahme, dass hinter jeder Handlung ein guter Grund (ein unerfülltes Bedürfnis) liegt, gilt für jeden von uns. Für dich, für mich und alle Menschen. Jede Person hat ihren guten Grund, warum sie *Nein* zu etwas sagt.

Wie persönlich nimmst du ein *Nein*? Was bedeutet ein *Nein* für dich? Geh dieser Frage jetzt einmal nach, ohne an eine konkrete Situation zu denken. Einfach so. Möglicherweise hast du sofort ein *Nein* oder einen anderen Widerstand in dir?

Ein *Nein* lässt mich erkennen, dass die Dinge im Moment nicht so laufen, wie ich es mir wünsche. Ich stoße auf Widerstand. Dadurch wird es anstrengender, schwieriger oder nervenaufreibender, Dinge umzusetzen. Vielleicht nehme ich es auch persönlich. Selbst Gegenstände können mir Widerstand entgegensetzen, zum Beispiel geschlossene Türen, wenn ich alle Hände voll habe. Es kann auch sein, dass andere Personen nicht das machen, was ich von ihnen erwarte. Das geht vom Tischabräumen zu Hause bis dahin, dass mir mein Kollege nicht die gewünschten Informationen zukommen lässt, damit ich weiterarbeiten kann.

Menschen gehen in den Widerstand, wenn ihnen welcher begegnet. Das drückt sich unter anderem durch bewertendes, verurteilendes oder analysierendes Verhalten aus. Dieses Verhalten erschwert es, die Verbindung zu halten oder herzustellen. Viele Menschen steigen in solchen Momenten aktiv in die Überzeugungsarbeit ein. Sie suchen nach Argumenten, spielen *good* Cop und, wenn es nichts hilft, *bad* Cop. Hier findest du einige Beispiele, wie wir mit Widerstand alltagssprachlich umgehen. Du kannst auch noch einmal im Kapitel zu den *Kommunikationssperren* ab Seite 110 nachlesen:

- **überzeugen durch Logik,**
- **mit guten Worten,**
- **mit Argumenten,**
- **mit Druck,**
- **mit Kontaktabbruch,**
- **mit Wenn-du-mir-nicht-das-gibst,-was-ich-von-dir-will,-dann-gebe ich-beim-nächsten-Mal-auch-Nichts.**

Bei der *Gewaltfreien Kommunikation* geht es darum anzuerkennen, dass sich die andere Person mit ihrem Widerstand, ihrem *Nein* ein Bedürfnis erfüllen will, und nicht versucht, einem das Leben zu erschweren. Passender ist es, bei Widerstand in den *Empathie-Modus* zu wechseln. Nicht, um den Widerstand zu brechen, sondern um die Verbindung zum anderen herzustellen. Zu seinen Gefühlen und Bedürfnissen, um Lösungen zu finden, die die Bedürfnisse aller erfüllen.

Aber ist in diesem Zusammenhang ein interessantes Wort, denn es drückt Widerstand, Widerspruch und *Nein* auf oftmals anstrengende Weise aus. Ein *Ja, aber* folgt auf das nächste und am Ende weiß keiner mehr, um was es ursprünglich ging. Hast du auch schon solche Gespräche geführt?

Das *Aber* kann eine vernichtende Wirkung haben. *»Das gefällt mir gut, aber …«* In der Sprachforschung wurde herausgefunden, dass ein *Aber* alles Vorangegangene auslöscht. Da kann ich noch so viel Lob, Wertschätzung und Anerkennung ausdrücken, das *Aber* macht alles zunichte. Vier Buchstaben, die eine ungeheure Kraft in sich tragen. Ähnlich wie das *Nein*. Beides drückt auf seine Weise Ablehnung, Widerstand, Nicht-einverstanden-Sein aus. Oder GFK-mäßig ausgedrückt: *Nein* und *Aber* sind Hinweise auf unerfüllte Bedürfnisse.

Vor einigen Jahren feierte meine Mutter ihren Geburtstag. Eine Tante bot mir Kuchen an. Ich bedankte mich, indem ich sagte: »Nein, danke, ich hatte schon ein Stück Kuchen.« Daraufhin meine Tante: »Aber schau mal, der ist sooo lecker.« »Nein, danke«, erwiderte ich erneut, »ich sagte doch, ich hatte schon ein Stück.« – »Aber schau mal, der ist doch ganz leicht … Ein kleines Stückchen, du kannst es doch vertragen«, versuchte sie weiter, mich zu überreden. »Nein danke«, antwortete ich langsam genervter. »Also ehrlich, Birgit, die Moni hat sich so eine Mühe gegeben, da kannst du ruhig noch ein Stückchen von dem Kuchen hier essen.« Nach weiteren drei bis vier Überredungsversuchen meiner Tante zischte ich hilflos: »NEIN, DANKE, ICH HABE DOCH SCHON ZEHNMAL GESAGT, DASS ICH KEINEN KUCHEN MEHR WILL! ist das jetzt so schwer zu verstehen?!!!« Daraufhin erwiderte meine Tante erschrocken: »Was wirst du denn jetzt so aggressiv? Ich habe dir doch nur ein Stück Kuchen angeboten!«

An diesem Beispiel kannst du sehen, wie schwer es ist, ein *Nein* oder *Aber* als Ausdruck unerfüllter Bedürfnisse zu sehen oder zu hören. Sprache ist so subtil, so schnell, einerseits so klar und gleichzeitig so unklar. Mich in *jeder* Kommunikationssituation mit mir und meinen Gefühlen und Bedürfnissen und denen der anderen zu verbinden, scheint unmöglich. Ich kann nicht immer aus vollem Bewusstsein und voll reflektiert handeln. Wichtig ist es dennoch, die vielen kleinen und großen Stolperfallen zu kennen, die eigenen Auslöser im Bewusstsein zu haben und weiterhin im Frieden mit sich zu bleiben, wenn Verbindung nicht gelingt. Ich bin keine Superheldin, die alle möglichen Herausforderungen sofort im Hier und Jetzt meistert. In der Kuchensituation hätte meine Reaktion auf Basis der vier Schritte so aussehen können:

Tante: »Birgit, willst du noch ein Stück Kuchen?«

Ich: »Nein, danke, ich hatte schon ein Stück Kuchen.«

Tante: »Aber schau mal, der ist sooo lecker.«

Ich: »Nein, danke, du hast mir jetzt zweimal ein Stück Kuchen angeboten und ich habe Nein gesagt. (Beobachtung) Ich bin verwundert und ratlos (Gefühl) und brauche Klarheit (Bedürfnis) darüber, was du von mir hörst. Kannst du mir sagen, was du von mir gehört hast? (Verbindungsbitte)«

WAS UNS VERBINDET: DIE VIER SCHRITTE IN ALLTAGSSPRACHE VERWANDELN

»Warst du wieder auf einem deiner Kommunikationsseminare?«, wurde ich anfangs gefragt, als ich die GFK kennenlernte und mich mit großer Begeisterung gemäß der vier Schritte ausdrückte. Ich formulierte meine Beobachtung, sprach über mein Gefühl, hängte ein Bedürfnis dran und nannte meine Bitte. Ich war damals fest davon überzeugt, dass ich endlich einen Weg gefunden hatte, um meine Bedürfnisse zum Ausdruck zu bringen und gleichzeitig die meiner Mitmenschen im Blick zu haben. Weit gefehlt. Die andere Art des Sprechens führte zu Irritation und Misstrauen auf der anderen Seite. In den Ohren meiner Mitmenschen klangen meine Ausführungen sperrig, steif und irgendwie unecht. Ich lernte daraus, dass ich alltagstaugliche Redewendungen brauchte, die es erleichtern, mich so auszudrücken, dass meine Mitmenschen mich hören und richtig verstehen können.

Marshall Rosenberg kreierte aus didaktischen Gründen die Begriffe *Giraffensprache* und *Wolfssprache*.[41] Wobei die *Giraffensprache* für das empathische, einfühlsame Ausdrücken dessen steht, was gerade passiert, was ich fühle oder wahrnehme. Die *Wolfssprache* steht für die trennende, ab- oder bewertende Ausdrucksweise. In dieser Sprache sind die meisten Menschen gut geschult, ich eingeschlossen. Trotzdem bin ich sicher, dass auch die *Giraffensprache* in uns allen steckt und wir nur Übersetzungshilfen brauchen, um die Verbindung herzustellen und um uns daran zu erinnern.

Erstelle deine eigenen, persönlichen Gefühls- und Bedürfnislisten, um dein GFK-Vokabular aufzubauen. Du kannst die im Anhang aufgeführten Listen benutzen, um deine Lieblingsworte und -redewendungen zu ergänzen.

Je nach Kontext verwende ich andere, passende Worte. Es gibt Bereiche, in denen ich eher auf die Umgangssprache setze. In anderen Bereichen achte ich verstärkt auf meine Wortwahl. Es ist meine Strategie, um angenommen oder akzeptiert zu werden. Generell gilt: Die Sprache der anderen zu sprechen, holt sie ab und *erhöht* die Bereitschaft zuzuhören.

FORMULIERUNGSHILFEN FÜR GEFÜHLE

Gefühle zu zeigen, ob im Job oder im Privatleben, ist für viele Menschen ein No-Go. Im Job wird es sogar als *unprofessionell* angesehen, Gefühle zu zeigen. Es schwingt die Befürchtung mit, als gefühlsduselig oder weich zu gelten, wenn man dort Gefühle zeigt. Auch gelten Menschen als anstrengend oder nervig, wenn sie *emotional* werden. Es scheint eine allgemeine Überzeugung zu sein, besser keine Gefühle zu zeigen. Warum es aus Sicht der GFK dennoch hilfreich und heilsam ist, Gefühle auszudrücken, habe ich ausführlich im Kapitel zu den Gefühlen (Seite 46) beschrieben. Auch im Alltag, in der Beziehung, im Gespräch mit anderen scheuen sich Menschen, ihre eigenen Gefühle zum Ausdruck zu bringen oder die der anderen anzusprechen.

Gleichzeitig ist es nachvollziehbar, sich schützen zu wollen. Dann beispielsweise, wenn wir von Mutlosigkeit überwältigt sind, vielleicht weil ein Vorhaben schiefgelaufen ist, wenn wir unsicher sind, weil wir etwas nicht verstanden haben, oder so wütend sind, dass uns fast der Kragen platzt. Gefühle zu zeigen, macht verletzbar und angreifbar. Wir alle haben Gefühle und drücken diese auf unterschiedliche Weise und in unterschiedlicher Intensität aus. Es ist heilsam und wichtig, Gefühle zu spüren und zu benennen, wenn unsere Bedürfnisse nicht erfüllt sind – in einer Sprache, die alltagstauglich ist. Zum Beispiel:

- **Ich bin angespannt, bekümmert, besorgt, durcheinander, matt, müde, niedergeschlagen, schlaff, traurig, unruhig, unsicher, verwirrt ...**

Trau dich, auch in den Momenten deine Gefühle auszudrücken, wenn deine Bedürfnisse erfüllt sind. Damit lässt du deine Mitmenschen daran teilhaben, dass es dir gut geht.

- **Ich fühle mich fröhlich, geborgen, gelassen, heiter, leicht, lustig, motiviert, neugierig, ruhig, sanft, sicher, sorglos, unbekümmert, wach, zärtlich ...**

Wenn du empathisch mit einer anderen Person bist, kannst du sie in ihrer Sprache fragen:

- **Kann es sein, dass du <GEFÜHL> bist?**
- **Bist du <GEFÜHL>?**
- **Fühlst du dich <GEFÜHL>?**

Spannend ist es, die Gefühle der anderen zu vermuten und sie ihnen anzubieten. Du musst das Gefühl nicht zu 100 Prozent treffen. Vielleicht erwidert jemand auf deine empathische Vermutung: »*Wütend? Ich bin nicht wütend, ich bin stinksauer!*« Nimm das nicht als Fehlschlag, sondern sieh es als Unterstützung für die andere Person, ihre Gefühle auf authentische Weise auszudrücken.

Wunderbar ist es, mit der Zeit einen eigenen, umfangreicheren Wortschatz aufzubauen. Zum einen erhältst du eine vielfältigere Ausdrucksweise für die unterschiedlichen Gefühlslagen. Zum anderen kannst du die Gefühle je nach Kontext entsprechend ausdrücken. Die Sorge, Gefühle nicht zu zeigen oder bei anderen zu spüren, liegt darin, dass wir denken, es gebe bloß die Gefühlszustände *himmelhoch jauchzend – zu Tode betrübt.* Oder es sei nicht angebracht, bestimmte Worte in einem bestimmten Bereich zu verwenden. Aber es gibt verschiedenen Nuancen von »*Mir geht es gut*« oder »*Mir geht es schlecht*«. Es lohnt sich wirklich, hier mehr Vielfalt zuzulassen.

Mit dieser Tabelle gebe ich dir einige Ideen, wie du Gefühle je nach Bezugsperson oder Kontext auf jeweils verständliche Weise ausdrücken kannst.

GEFÜHL	MIT EINEM ERWACHSENEN	MIT KLEINEN KINDERN	IM BÜRO
TRAUER	Ich bin bekümmert.	Ich bin ganz traurig.	Ich bin ganz mitgenommen.
FREUDE	Ich bin so froh/erleichtert/glücklich.	Ich bin fröhlich.	Ich bin erleichtert/erfreut …
ÄRGER	Ich bin wirklich sauer/wütend.	Ich habe Grummeln im Bauch.	Ich bin irritiert.

ÜBUNG: MEIN GEFÜHLSWORTSCHATZ

Trage in die Mindmap mindestens zehn Formulierungen für »Mir geht es gut« und mindestens zehn Formulierungen für »Mir geht es schlecht.« ein.

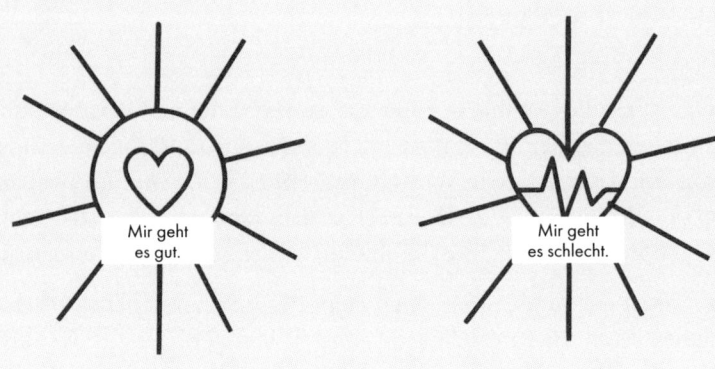

FORMULIERUNGSHILFEN FÜR BEDÜRFNISSE

»Brauchst du Autonomie?« ist wohl keine Formulierung, die ein Dreijähriger hören und verstehen kann. Deshalb habe ich meinen Sohn in diesem Alter auf eine Weise nach seinem Bedürfnis gefragt, die er verstehen konnte: »Willst du selbst entscheiden?« Das verstand er.

Weil es (noch) nicht selbstverständlich ist, Bedürfnisse wahrzunehmen und auszudrücken, fehlen uns dafür die Vokabeln. Im Anhang findest du eine Bedürfnisliste. Darin stehen Begriffe wie Autonomie, Authentizität, Integrität, Mit-dem-Leben-verbunden-Sein, ebenso wie Schutz, Unterstützung, Beitragen, Gesehen-Werden, Verbindung.

Einige der Begriffe klingen in meinen Ohren gestelzt und ich werde unruhig, wenn mir jemand sagt: »Mein Bedürfnis nach Integrität oder Authentizität ist jetzt nicht erfüllt.« Obwohl ich inzwischen die Definition dieser beiden Begriffe gut kenne, mag ich sie nicht. Ich habe keine Verbindung dazu, sie klingen schwerfällig und unnatürlich in meinen Ohren. Deshalb passe ich die Bedürfnisformulierung an die jeweils aktuelle Situation an: »Ich möchte es so *sagen, wie ich will./Mir ist wichtig, dass ich so sein kann, wie ich bin./Ich will mich nicht verstellen«,* wenn ich beispielsweise das Bedürfnis Authentizität zum Ausdruck bringen will.

Für mich wird bei der Übersetzung der GFK-Sprache in die Alltagssprache deutlich, dass es zwar einerseits um Sprache geht, andererseits es aber wichtig ist, mich aus der Haltung der *Gewaltfreiheit* heraus auszudrücken. Verbindung entsteht, wenn ich bereit bin, die Verbindung halten zu wollen.

Um deine Bedürfnisse in der Alltagssprache zum Ausdruck zu bringen, kannst du folgende Formulierungen ausprobieren:

- **Mir fehlt <BEDÜRFNIS>.**
- **Ich merke, es geht mir um <BEDÜRFNIS>.**
- **Mir geht es um <BEDÜRFNIS>.**

Wenn du andere Menschen dabei unterstützen magst, ihre Bedürfnisse auszudrücken, kannst du sie fragen:

- **Fehlt dir <BEDÜRFNIS>?**
- **Brauchst du <BEDÜRFNIS>?**
- **Geht es dir um <BEDÜRFNIS>?**

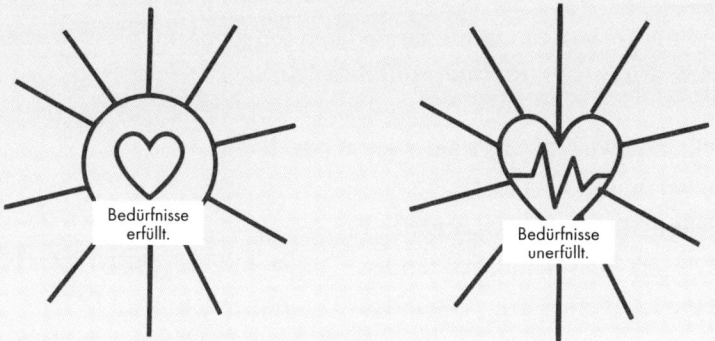

ÜBUNG: MEIN BEDÜRFNISWORTSCHATZ

Trage in die Mindmap jeweils zehn verschiedene Formulierungen ein, wie du dein Bedürfnis in der Alltagssprache ausdrücken kannst, wenn dein Bedürfnis erfüllt beziehungsweise unerfüllt ist.

Bedürfnisse erfüllt.

Bedürfnisse unerfüllt.

FORMULIERUNGSHILFEN FÜR VERBINDUNGSBITTEN

Es ist der Empfänger der Nachricht, der den Inhalt der Nachricht bestimmt,[42] lautet eine Grundannahme in der Kommunikationstheorie. Du kannst die schönsten Worte verwenden, die freundlichsten Formulierungen einbauen – wenn die andere Person einen Vorwurf hören will, hört sie ihn. In diesen Fällen dienen die Verbindungsbitten als Brücke, um aus der Haltung der GFK zu kommunizieren. Es braucht in empathischen Dialogen lediglich eine Person, die die vier Schritte der GFK kennt und anwendet. Wenn du diese Person bist, die die vier Schritte in ihre persönliche Alltagssprache einbaut, dann *erhöht* sich die Wahrscheinlichkeit, gehört zu werden und/oder dich empathisch zu verbinden.

Hier findest du einige Formulierungshilfen für Verbindungsbitten. Du kannst fragen, ob die andere Person bereit ist, dir zu sagen, was sie von dir hört, oder ob sie wissen will, wie es dir geht. Du kannst die Verbindung auch in die andere Richtung herstellen, indem du fragst, ob du mitteilen kannst, was du gehört hast, und ob deine Vermutung richtig ist.

Verbindungsfragen, die andere Personen dazu einladen, dich zu hören, sind:

- **Was hast du von mir gehört?**
- **Was kommt bei dir an?**
- **Bist du bereit, mir zu sagen, was du von mir gehört hast?**
- **Wie würdest du das, was ich gesagt habe, beschreiben oder formulieren?**
- **Kannst du noch einmal in deinen Worten sagen, was du von mir gehört hast?**

Verbindungsfragen, durch die du anderen Personen mitteilst, was du von ihnen hörst/wahrnimmst, sind zum Beispiel:

- **Willst du wissen, was ich gerade gehört habe?**
- **Willst du <STRATEGIE>?**
- **Geht es dir um <BEDÜRFNIS>?**
- **Habe ich dich richtig verstanden? Dir geht es um <BEDÜRFNIS>?**
- **Habe ich dich richtig verstanden? Du fühlst dich <GEFÜHL>?**

Verbindungsfragen, durch die du herausfindest, wie es dem/der anderen geht mit dem, was er/sie gehört hat, sind zum Beispiel:

- **Wie geht es dir mit dem, was du gehört hast?**
- **Wie geht es dir jetzt?**
- **Wie klingt das für dich, wenn ich sage, dass …**
- **Wie fühlt es sich an, wenn ich sage, dass ….**
- **Kann es sein, dass du <GEFÜHL> bist, wenn ich sage, dass …**
- **Brauchst du <BEDÜRFNIS>?**
- **Bist du <GEFÜHL>?**
- **Hättest du gerne mehr <BEDÜRFNIS>?**

Reagiert eine Person irritiert oder verwundert, kannst du beispielsweise sagen:

- **Ich merke, du bist <GEFÜHL>, wenn ich dich bitte, mir zu sagen, was du gehört hast.**
- **Mir ist wichtig, dass ich dich so verstehe, wie du es meinst. Wie ist das für dich?**
- **Kann es sein, dass es dir um <BEDÜRFNIS> geht?**
- **Fehlt dir <BEDÜRFNIS>?**
- **Würdest du gerne verstehen, warum ich dich frage, wie es dir geht?**

ÜBUNG: MEINE VERBINDUNGSBITTEN

Ergänze die Mindmap um deine Formulierungsideen zu den Verbindungs-bitten. Versetze dich dabei in unterschiedliche Gesprächssituationen mit verschiedenen Personen. Überlege dir zum Beispiel, wie du eine Verbin-dungsbitte an dein Kind, deine Kollegin, deine Partnerin richten kannst.

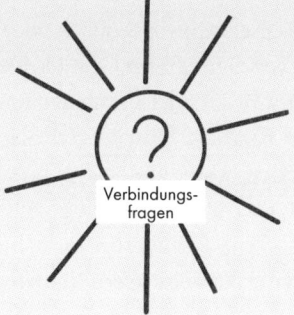

Verbindungs-fragen

WAS UNS VERBINDET: WERTSCHÄTZUNG UND FEEDBACK GEBEN

Wenn ich ein Seminar in einem Unternehmen halte, wollen die Teilnehmenden wissen, wie sie *wertschätzend kritisieren* können. Sie haben die Erfahrung gemacht, dass es verletzend ist, Kritik zu äußern, und dass die Kritik als Herabsetzung erlebt wird. Die Person, die Kritik äußert, hat sicherlich einen guten Grund und verfolgt eine bestimmte Absicht damit. Die Person, die Kritik empfängt, empfindet es oftmals als *Unverschämtheit* oder *herablassend, schonungslos* der Kritik ausgesetzt zu sein. Es fehlen Strategien, um die Kritik wertschätzend auszudrücken oder zu empfangen.

Wie ist das für dich? Hast du gelernt, Kritik oder Feedback wertschätzend zu äußern? Bis ich die GFK kannte, war mir nicht klar, wie ich wertschätzend kritisieren kann. Deshalb habe ich es nicht getan. Durch meine Kinder lernte ich, wie wichtig es für sie war, eine Rückmeldung für ihr Handeln zu bekommen. Für den leckeren Sandkuchen auf dem Spielplatz, für den Turm aus Bauklötzen, für Bilder, die sie gemalt haben, oder für schulische Erfolge. Für sie war und ist es bis heute unterstützend, eine Rückmeldung zu bekommen. Wenn ich einen Blick auf die beiden werfe, bin ich dankbar, von ihnen gelernt zu haben und dadurch ein anderes tieferes Verständnis für die *Gewaltfreie Kommunikation* entwickelt zu haben. Es beglückt mich mitzuerleben, wie es ihnen gelingt, ihren eigenen, selbst gestalteten Weg ins Leben zu gehen.

Feedback anzubieten oder Kritik zu äußern, fiel mir schwer. Die Sorge, die andere Person zu verletzen, selbst wenn ich es auf Basis der vier Schritte tue, schwang mit. Deshalb entschied ich mich in bestimmten Beziehungen für die Bedürfnisse Schutz und Sicherheit.

Früher hätte ich niemals von selbst um Feedback oder Kritik gebeten. Aus Angst davor, schlecht bewertet zu werden. Mit der GFK lernte ich, wie unterstützend und hilfreich Feedback ist. Ob im Beruf oder in meinen anderen Lebensbereichen. Es gibt mir Orientierung und Klarheit. Durch Feedback kann ich im Zusammenwirken mit anderen Menschen besser einschätzen, ob ich noch auf dem gemeinsamen Weg bin oder nicht, ob meine Tätigkeit eine Unterstützung darstellt oder nicht. Feedback und konstruktive Kritik erfüllen meine Bedürfnisse nach Sicherheit, Gesehen-Werden und idealerweise Wertschätzung oder Anerkennung.

Im Hessischen gibt es die Redewendung »Nicht geschimpft ist gelobt genug«. Mich macht so eine Redewendung traurig. Es scheint ausreichend zu sein, sich mit den Brotkrumen des Lebens zufriedenzugeben, statt nach dem ganzen knusprigen Brotlaib zu greifen. Vermutlich geht es dabei um die Vorstellung, dass man überheblich, arrogant wird und den Boden unter den Füßen verliert, wenn man Lob erfährt.

Tadeln oder Loben sind aus Sicht der *Gewaltfreien Kommunikation* dieselben Qualitäten. Sie sind verbunden mit den Werten, Vorstellungen und Überzeugungen der Person, die lobt oder tadelt. Was ist also die Alternative zu Loben oder Tadeln? Feedback oder Kritik auf Basis der vier Schritte. Dabei ist es hilfreich, den Fokus darauf zu legen, was gelungen ist und welches Bedürfnis sich dadurch erfüllt.

BEISPIEL FÜR FEEDBACK AUF BASIS DER VIER SCHRITTE

Vor ein paar Jahren arbeitete ich an einer Grundschule und wurde als Vertretung in einer 2. Klasse in Kunst eingeteilt. Die Kinder hatten bereits einen Arbeitsauftrag und so bat ich sie, diesen auszuführen. Am Ende der Stunde kamen sie der Reihe nach zu mir und wollten meine Meinung: *»Frau Schulze, wie findest du mein Bild?« – »Gefällt es dir, was ich gemalt habe?«* Der Wunsch der Kinder, ein Feedback, eine Rückmeldung über die erstellten Kunstwerke zu erhalten, war groß. Viele der Kinder äußerten Selbst-Kritik. *»Der Mensch ist hässlich!«* Oder: *»Der Baum ist nicht schön!«* Nachdem mich so viele Kinder um meine Meinung gebeten hatten, entschied ich mich für einen Feedback-Kreis mit der ganzen Klasse. Ich lud die Kinder ein, sich mit ihren Kunstwerken in einen Kreis auf den Boden zu setzen, und stellte ihnen Feedback-Regeln vor.

- **Jedes Kind stellt sein Bild vor und** *beschreibt***, was es gemalt hat. Ohne Bewertungen oder zu sagen:** *»Das ist mir nicht gelungen«* **oder** *»Die Blume ist hässlich«.*
- **Die anderen Kinder sind eingeladen zu sagen, was ihnen an dem Bild gefällt und warum. Dadurch drücken sie ihre Beobachtung aus wie:** *»Mir gefällt das Bild, weil Anna so viele bunte Blumen gemalt hat!«*
- **Wenn kein Kind mehr etwas dazu sagen mag, bedankt sich der Künstler und ist eingeladen zu sagen, wie es ihm jetzt geht.**

Für die Kinder war es anfangs ungewohnt, die Bilder auf diese Weise anzuschauen. Immer wenn ein Bild zu Ende *gefeedbackt* war, ging ein Strahlen und Lächeln über das Gesicht des Künstlers. Für mich war es ein bewegender Moment. Meine Haupterkenntnis war damals: Leg den Fokus auf das, was gelungen ist, wenn ein Mensch eine Rückmeldung von dir will.

Bedauerlicherweise geschieht es im Alltag eher selten, dass Menschen das *Positive* betonen. Kinder bekommen selten konstruktives Feedback. Sie hören häufig Bewertungen und Urteile. Vermutlich aus der Überzeugung: Wenn ich dir sage, was du *falsch/schlecht/unzulänglich* machst, kannst du dich/dein Verhalten/dein Werk verbessern. Kinder, die bewertende und verurteilende Kritik erfahren (ob von außen oder im Inneren), verlieren das Vertrauen in sich und ihre Fähigkeiten. Sie trauen sich selbst immer weniger, nehmen sich zurück und geben ihrer eigenen Persönlichkeit und Kreativität keine Chance mehr. Dabei ist es doch so schön, für das wertgeschätzt zu werden, was einem gut gelingt und wobei man Freude hatte, es zu gestalten und damit gesehen zu werden. Das, was gelungen ist, hervorzuheben, ist ein wichtiger Ansatz für Wertschätzung und Feedback.

Dennoch ist es hilfreich, Kritik zu üben, um diese Fähigkeit zu trainieren, oder um sich in einem Bereich zu verbessern oder auch, um andere Menschen dabei zu unterstützen, die Arbeiten so zu erledigen, dass beispielsweise die Kunden zufrieden sind. Aber wie gelingt es jetzt, Kritik wertschätzend zu äußern? Im Alltag heißt es schnell: »*Das ist falsch oder schlecht.*« Aber was genau *falsch* oder *schlecht* ist, erklärt sich für die betroffene Person nicht. Kritik wird dann persönlich genommen und ist mit abwertenden und negativen Gedanken verbunden. Formuliert man dagegen eine konkrete Beobachtung, benennt ein Gefühl, ein unerfülltes Bedürfnis und endet mit einer Verbindungsbitte, kann man die Kritik sach- und situationsbezogen formulieren.

Sofia und Anika arbeiten zusammen an einem Erklärvideo für die Beschäftigten im Unternehmen. Sofia hat das Drehbuch und Storyboard entwickelt und Anika ist mit der filmischen Umsetzung betraut. Der erste Entwurf liegt vor und Sofia stellt fest, dass die Erklärung nicht schlüssig ist. Obwohl sie im Drehbuch alle erforderlichen Schritte beschrieben hat, fehlt einer im Video. Sofia äußert zunächst ihre negative Kritik: »*Anika, das Video ist so nicht zu gebrauchen, mach es noch mal.*« Sie merkt, dass Anika ratlos ist,

> und formuliert ihre Kritik noch einmal neu: *»Die Erklärung ist meiner Meinung nach noch nicht schlüssig, denn es fehlt noch der Schritt, der deutlich macht, was genau die Kolleginnen machen sollen«*, erläutert Sofia. *»Kommst du damit klar?«*, schließt sie noch eine Verbindungsfrage an? *»Ja«*, erwidert Anika, *»denn jetzt habe ich auch erkannt, was fehlt.«* Sie bedankt sich und bearbeitet die entsprechende Stelle im Video nach.

Wie in dem Beispiel deutlich wird, hilft es, eine möglichst konkrete Beschreibung dessen zu geben, was und wie es anders gemacht werden soll. Eine Kritik mit einer Verbindungsfrage zu beenden, ist ebenfalls hilfreich, um herauszufinden, was und wie die andere Person die Kritik gehört hat.

Die folgende Schlüsselunterscheidung beleuchtet die Begriffe *Wertschätzung* und *Feedback* im Vergleich zu *Lob, Tadel* und *Kritik*. Mir ist es wichtig zu verdeutlichen, warum auch ein Lob eine Form von bewertendem Verhalten ist.

SCHLÜSSELUNTERSCHEIDUNG ZWISCHEN WERTSCHÄTZUNG UND FEEDBACK UND LOB, TADEL UND KRITIK[43]

Wertschätzung und Feedback

Bei einer Wertschätzung drücke ich meine Beobachtung, mein Gefühl und mein erfülltes Bedürfnis aus. Beim Feedback verhält es sich genauso. Allerdings vergewissere ich mich vorher, ob die andere Person bereit ist, mein Feedback zu hören.

Hilfreiche Frage: Ist es meine Absicht, meine Beobachtung, mein Gefühl und mein Bedürfnis auszudrücken? Habe ich mich versichert, ob die andere Person mein Feedback hören möchte?

Lob, Tadel und Kritik

Lob, Tadel und Kritik bewerten die Handlung einer Person. Beim Loben bewerte ich *positiv*. Beim Tadel oder bei Kritik bewerte ich *negativ*. Beides erfolgt auf Kopfebene und sagt nichts über meine erfüllten oder unerfüllten Bedürfnisse aus.

Hilfreiche Frage: Ist es meine Absicht, meine Bewertung – ob *positiv* oder *negativ* – auszudrücken? Habe ich die Absicht, die andere Person zu manipulieren?

Ich mag es nicht, wenn mich andere Menschen loben. Ich argwöhne sofort, ob nicht eine andere Absicht dahintersteckt. Die Sorge, manipuliert zu werden, ist berechtigt. Oftmals soll mit einem Lob oder Tadel auch eine Verhaltensänderung herbeigeführt werden. Ja, du kannst ebenfalls mit einem Feedback oder einer Wertschätzung auf GFK-Basis manipulieren. Letztlich ist die Haltung dahinter ausschlaggebend. Für mich sind diese Fragen zu den Schlüsselunterscheidungen deshalb so unterstützend, weil ich dadurch meine Haltung hinterfragen kann.

Und dann ist da noch die *große Kunst*, Wertschätzung und Feedback annehmen zu können. »*Ich kann keine Wertschätzung annehmen*«, »*Es ist mir unangenehm, gelobt zu werden*«, »*Ich bin beschämt*«, sagen Teilnehmerinnen mit leiser Stimme in meinen Kursen. »*WARUM???*«, möchte ich am allerliebsten in diesen Momenten herausschreien. »*Warum ist es dir unangenehm, Wertschätzung oder ein Lob anzunehmen?*« Viele Menschen nehmen ein Lob nicht an, sondern reden die eigene Leistung bei einem Lob klein. Für mich ist es angenehm zu erfahren, dass ich zur Erfüllung der Bedürfnisse anderer beitrage. Es erfüllt mich mit Freude, mit Sinnhaftigkeit. Ich erkenne, dass ich Teil der Gemeinschaft bin. Ich bin wichtig. Das gibt mir Sicherheit und Vertrauen in mich und meine Fähigkeiten. Zu verstehen, welche Handlungen zum Wohle aller beitragen, ist wunderbar. Sei es das leckere Abendessen, das ich gekocht habe, oder die letzte Kommunikationskampagne, die im Büro dazu geführt hat, dass unsere Kunden verstanden haben, was zu tun ist. Wenn ich dazu eine Rückmeldung bekomme, freut mich das.

Die GFK wird als *wertschätzende Kommunikation* bezeichnet. »*Klingt gut*«, dachte ich, als ich das zum ersten Mal hörte. Aber bedeutet das, dass ich permanent sagen muss, was ich gut finde? Auf Basis der vier Schritte? Nein, denn ich habe inzwischen für mich herausgefunden, dass Wertschätzung auch darin besteht, die Gefühle und Bedürfnisse in den Blick zu nehmen. Diesen Anteilen in mir Raum zu geben und sie sichtbar zu machen. Damit gebe ich meinen Gefühlen und Bedürfnissen einen Wert. Ich nehme sie wahr und hole sie ins Bewusstsein. Was ich dagegen nicht sehe oder nicht wahrnehmen kann, kann ich folglich auch nicht *wertschätzen*. Mache ich die Gefühle und Bedürfnisse einer anderen Person im empathischen Austausch sichtbar, drücke ich meine Wertschätzung aus.

Wertschätzung, Feedback und konstruktive Kritik sind Geschenke, die du dir selbst und deinen Mitmenschen machen kannst. Dann, wenn du dich auf Basis der vier Schritte mitteilst.

Mit der folgenden Übung kannst du die Erfahrung machen, wie es ist, Wertschätzung zu geben.

ÜBUNG: WERTSCHÄTZUNG GEBEN

Denke an eine Person, der du Wertschätzung geben möchtest.

Schritt 1: Formuliere deine Beobachtung.

Was hat sie getan, unterlassen, gesagt oder nicht gesagt? Dabei spielt es keine Rolle, ob sie die Handlung für dich oder für eine andere Person ausgeführt hat.

....

....

....

Schritt 2: Verbinde dich mit deinem Gefühl.

Wie geht es dir, wenn du daran denkst? Was fühlst du? Wo in deinem Körper spürst du dieses Gefühl?

....

....

....

Schritt 3: Verbinde dich mit deinem Bedürfnis.

Welches Bedürfnis ist in Bezug auf die Handlung der anderen Person erfüllt?

....

....

....

Schritt 4: Verweile in deinem Zustand der Wertschätzung.

Optional Schritt 5: Drücke deine Wertschätzung auf Basis der vier Schritte aus.

Frage die andere Person vorher, ob sie bereit ist, sie zu hören.

Schritt 6: Beende deine Wertschätzung mit einer Verbindungsbitte.

»Wie geht es dir jetzt?« Oder: »Was hast du von mir gehört?«

ÜBUNG: FEEDBACK GEBEN

Denke an eine Person, der du ein Feedback geben möchtest für eine Handlung, die sie ausgeführt hat, oder für etwas, das sie erschaffen hat.

Schritt 1: Erkunde deine Absicht und/oder dein Bedürfnis, das du dir durch dein Feedback erfüllen möchtest.

Handelst du aus der Absicht, dein Feedback zu geben?

....

....

....

Schritt 2: Frage die andere Person, ob sie dein Feedback haben möchte.

Beispiel: »*Ich würde dir gerne Feedback zu <HANDLUNG/WERK> geben; magst du es hören?*«

Wenn die Person offen ist, fahre ab Schritt 3 fort, dein Feedback zum Ausdruck zu bringen.

Wenn die Person nicht offen für dein Feedback ist, bedanke dich für das Nein und belasse es dabei. Es kann hilfreich sein, einen Selbst-Einfühlungsprozess zu durchlaufen.

....

....

....

Schritt 3: Wenn die Person offen ist, formuliere deine Beobachtung.

Was hat sie getan, unterlassen, gesagt oder nicht gesagt? Dabei spielt es keine Rolle, ob sie die Handlung für dich oder für eine andere Person ausgeführt hat.

....

....

....

Schritt 4: Bringe dein Gefühl zum Ausdruck, das sich für dich dadurch entwickelt hat.

Wie geht es dir, wenn du daran denkst? Was fühlst du? Wo in deinem Körper spürst du dieses Gefühl?

....

....

....

Schritt 5: Teile dein dadurch erfülltes beziehungsweise unerfülltes Bedürfnis mit.

Welches Bedürfnis ist in Bezug auf die Handlung der anderen Person erfüllt beziehungsweise unerfüllt?

....

....

....

Schritt 6: Schließe eine Verbindungsfrage an. Beispielsweise:

»Wie klingt das für dich?«

»Was hast du gehört?«

»Wie geht es dir mit dem Feedback?«

....

....

....

Schritt 7: Bedanke dich.

Notiere dir deine Erkenntnisse.

....

....

WAS UNS VERBINDET: WENN EMPATHIE, SELBST-EMPA-THIE UND SELBST-AUSDRUCK NICHT WEITERHELFEN

Es gibt Situationen, in denen es nicht gelingt, empathisch zu bleiben. Es gibt Menschen, die Empathie nicht annehmen oder mehr brauchen, als man geben will. »*GFK funktioniert nicht und hat auch ihre Grenzen*«, heißt es dann. Ich bin davon überzeugt, dass die GFK in jedem Moment *funktioniert* und grenzenlos ist. Voraussetzung dafür ist die eigene Absicht, in der *gewaltfreien* Haltung zu bleiben, die auch einen selbst einschließt.

Anfangs dachte ich, es sei allein eine Frage der *empathischen Hartnäckigkeit* meinerseits. Aber es gibt Situationen, in denen Verbindung nicht möglich ist. Nicht, weil ich es nicht kann und die GFK mir ihre Grenzen aufzeigt, sondern weil Menschen aus verschiedenen Gründen nicht offen dafür sind. Die Bedürfnisse *Schutz, Sicherheit* und *Autonomie* spielen in diesem Zusammenhang eine wichtige Rolle. In den Situationen, in denen Verbindung oder Verstehen nicht gelingt, geht es um die Haltung der *Gewaltfreiheit* und die Haltung, darauf zu vertrauen, mein Gegenüber weiterhin als Menschen zu sehen, auch wenn ich gerade gefordert bin. Und darum, dass ich bereit bin, mir meinen Schmerz eventuell mit Hilfe und Unterstützung anzuschauen. Dass ich bereit bin, erneut auf die Person zuzugehen, oder anerkenne, dass es mehr Schutz braucht. Für mich oder den anderen.

Empathie und Selbst-Empathie erhöhen dann die Möglichkeit der Verbindung, wenn ich mit meiner Absicht der Verbindung in Kontakt bleibe. Verliere ich diese Absicht, *erhöht* sich die Wahrscheinlichkeit, dass ich mich streite und auf meiner Wahrheit beharre.

Mit *Gewaltfreier Kommunikation* werde ich nicht zur Retterin der Welt. Ich will auch nicht missionieren. Mein Bestreben ist es, mit mir selbst und meinen Mitmenschen in Verbindung zu kommen, Konflikte auf friedliche Weise zu lösen und Folgendes anzuerkennen:

Wir alle haben unterschiedliche Verletzungen und Wunden. Wir drücken unsere Bedürfnisse nach Schutz und Sicherheit auf individuelle Weise aus. Diese Sichtweise hilft mir anzunehmen, dass die GFK *immer funktioniert*. Auch dann, wenn es nicht gelingt, in Verbindung zu kommen. Es ist die

Haltung, die wirkt, es sind nicht die Worte. Trotz meiner langjährigen Praxis nehme ich Unterstützung an, um die Verbindung zu mir selbst herzustellen. Selbst-Empathie ist ein wunderbares Werkzeug in akuten Situationen, wenn keine andere Person da ist, um mich empathisch aufzufangen. Dennoch gibt es auch Auslöser, die mich so hart treffen, dass ich mit Selbst-Empathie alleine nicht weiterkomme. In diesen Fällen ist es ebenfalls kein Versagen der GFK oder meine eigene Unfähigkeit. Sondern ich werde aufmerksam für die Momente, in denen ich Unterstützung brauche. Hilfe anzunehmen, bedeutet nicht, schwach oder unfähig zu sein. Im Gegenteil, ich sehe es als Zeichen innerer Stärke und Selbstbestimmtheit. Es gibt mir in diesen Situationen ein Gefühl der Sicherheit und Handlungsfähigkeit.

5

Nutze die vier Schritte für deine persönliche Entwicklung

Bis jetzt hast du dich in diesem Buch überwiegend mit Konflikten und herausfordernden Alltagssituationen befasst. Konflikte, die du mit dir oder anderen hast. Du hast darauf geschaut, wie dich die vier Schritte der GFK dabei unterstützen, Nein zu sagen oder zu hören, wie du mit Widerstand und starken Gefühlen umgehen kannst. Du hast gelernt, *gewaltfrei* zu unterbrechen, und kannst dich auf schwierige Gespräche vorbereiten.

Ich lernte die *Gewaltfreie Kommunikation* kennen, als ich in einer anstrengenden Lebensphase steckte. Kinder, Job, Familie, Partnerschaft – alles wollte ich damals unter einen Hut bringen. Das stresste mich und ich verlor häufig die Fassung. Denn ich war zu dieser Zeit sehr empfindlich und schnell gereizt. Mein Anliegen damals war, weniger emotional zu reagieren.

Meine Kinder waren sechs Jahre und ein Jahr alt. Der Kleine war in die Krippe eingewöhnt und ich arbeitete wieder als Reklamations- und Beschwerdemanagerin. Im Job fiel es mir leichter, die vier Schritte gewinnbringend einzusetzen. Im Privaten forderte es mich allerdings stärker. Bereits in meinem ersten Jahrestraining erkannte ich, dass die GFK viel mehr zu bieten hat. So begann ich, die vier Schritte gezielt für meine Persönlichkeitsentwicklung zu nutzen. In den verschiedenen Weiter- und Ausbildungen, die ich besuchte, ging es darum, mich in den Blick zu nehmen, zu stärken, mir selbst mit Wertschätzung, Respekt, Liebe und Akzeptanz zu begegnen. Diese Begegnungen mit mir selbst sind bis heute ein wichtiger Bestandteil meiner täglichen Routine. Ich lasse sie auch aktiv in meine Tätigkeit als Trainerin, Coach und Mediatorin einfließen.

Jeder von uns hat *blinde Flecken*, die uns unbewusst handeln lassen. Durch die vier Schritte der GFK gelingt es, diese *Flecken* zu erkennen. Das ermöglicht Schritt für Schritt, alte, störende und hinderliche Verhaltensmuster zu verstehen und sie zu verändern. Mit der *Gewaltfreien Kommunikation* lernst du eine lebensdienliche und lebensbejahende Sichtweise, auch dann, wenn Bedürfnisse nicht erfüllt sind. Es wäre schade, wenn du sie ausschließlich zur Klärung in Konflikten einsetzen würdest. Es gibt weiterführende, vertiefende und transformierende Möglichkeiten des Einsatzes dieser vier Schritte und der drei Wege. Die Übungen, die mich am meisten beeinflusst haben, habe ich in diesem Kapitel zusammengetragen. Du findest weitere Beispiele, Schlüsselunterscheidungen und Übungen, die dich inspirieren sollen, dich selbst auf vielfältige, neue und ungewohnte Weise kennenzulernen. Ich wünsche dir Freude mit dir und wunderbare Erkenntnisse über dich selbst.

WAS UNS VERBINDET: DANKBARKEIT

Dankbarkeit ist für mich eine besondere Form von Wertschätzung. Durch den Akt der Dankbarkeit lenkt sich mein Blick automatisch vom Mangel auf die Fülle. Darauf, was gut läuft, wie viel ich zur Verfügung habe, wie viel Wohlwollen mir begegnet. Dankbarkeit hilft mir dabei, mich zu motivieren oder versöhnlicher mit mir selbst und anderen zu sein. Sie unterstützt mich im Alltag auch dabei, ungeliebte Tätigkeiten zu verrichten.

Dankbarkeit kann ich jederzeit und überall praktizieren. Laut, leise, im Hier und Jetzt, für vergangene Momente, für zukünftige Momente, für Beziehungen, Gesundheit, Erfolg oder Geld. Kurz: für alles und jeden Lebensbereich. Dankbarkeit ist für mich eng verbunden mit einem Gefühl von Wärme, Weite und Licht. Es geht ein Strahlen für mich damit einher. Eine spürbare Kraft. Was spürst du, wenn du von ganzem Herzen dankbar bist? Wo in deinem Körper kannst du es spüren? Schließe jetzt deine Augen und spüre dem Zustand von Dankbarkeit nach.

Als Kind wurde ich dazu angehalten, mich zu bedanken. Für die erbetenen und unerbetenen Geschenke. »Sag ›Danke!‹«, wurde ich aufgefordert, wenn mir die Verkäuferin an der Wursttheke ein Stückchen Fleischwurst schenkte. Ich musste dankbar sein für Geschenke, die ich mir nicht gewünscht hatte. Für erfreuliche oder ungebetene Geschenke. So lernte ich, mich zu bedanken. Auch der Satz »Du bist total undankbar, denn ich habe das und das für dich getan!« ließ mich für Dinge Danke sagen, um die ich nicht gebeten hatte und für die ich überhaupt nicht dankbar war. Ich ertappte mich dabei, dass ich meine Kinder ebenfalls anhielt, sich höflich zu bedanken. Dann kam aus ihnen, so wie früher bei mir, ein braves und artiges »Dankeschön«. Für mich war Dankbarkeit lange Zeit eine hohle Phrase. Etwas, das man aus Anstand heraus sagt, um nett und freundlich zu sein. Ich spürte keine wahre Freude, wenn ich mich bedankte. Lange aß ich deshalb brav meinen Teller leer, weil ich dankbar dafür zu sein hatte, dass wir etwas zu essen hatten. Ob ich Hunger hatte oder nicht, dazu wurde ich nie befragt.

Die aktive Beschäftigung mit Dankbarkeit öffnete mir Augen und Herz – für echte Dankbarkeit. Heute erkenne ich, dass ich nicht wusste, wie Dankbar-Sein geht und was damit gemeint ist. Heute ist sie für mich und andere spürbar und ich merke, welche Kraft davon ausgeht.

Dankbarkeit kannst du lernen und kultivieren. Du findest weiter unten im Kapitel einige Übungen dazu.

Nathalie wachte eines Morgens auf und war unzufrieden. Sie konnte die Unzufriedenheit nicht konkret benennen. Irgendwie haderte sie heute Morgen mit allem und jedem. Genervt ging sie unter die Dusche, um wach zu werden. Sie schloss die Augen. Plötzlich war da neben der Wärme des Wassers auch eine innere Wärme spürbar. »Wie selbstverständlich es doch ist, morgens einfach so eine warme Dusche zu nehmen. Ins Bad zu gehen, den Wasserhahn aufzudrehen und warmes, angenehmes Wasser auf sich niederprasseln zu lassen«, stellte sie fest. Ein angenehmes, leichtes Gefühl breitete sich in ihrem Inneren aus und zauberte ein Lächeln auf ihr Gesicht. »Danke!«, dachte sie. »Danke für die Dusche, das warme Wasser. Danke, dass ich mich morgens einfach unter die Dusche stellen kann und ganz selbstverständlich warmes, sauberes Wasser herausläuft.« Nathalie genoss für einen weiteren Moment die Wärme des Wassers und das angenehme belebende Gefühl auf der Haut. Dann trocknete sie sich ab und ging mit einem Lächeln aus dem Bad.

Die Praxis der Dankbarkeit kann dazu beitragen, dass du zufriedener wirst, indem du den Blick auf die Momente deines Alltags richtest, für die du dankbar sein magst. Das kann anfangs ungewohnt sein. Aber gerade wenn du dich schon länger nicht mehr wohlfühlst und dir eine Änderung wünschst, kannst du dadurch etwas verändern. In kleinen alltäglichen Momenten, die eine große Wirkung nach sich ziehen. Ich bin sicher, die regelmäßige Praxis der Dankbarkeit trägt auch bei dir dazu dabei, verbundener und versöhnlicher mit dir, deinen Mitmenschen und deinem Umfeld zu werden.

Wichtig dabei ist, dass du dich regelmäßig bedankst. Du kannst zum Beispiel ein Dankbarkeitstagebuch führen. Verstärken kannst du den Effekt noch, wenn du aus ganzem Herzen dankst. Sodass du die Dankbarkeit in deinem Körper spürst und dieses Gefühl ausstrahlst.

Im Downloadbereich findest du eine Vorübung und angeleitete Meditation zur Entwicklung deiner Dankbarkeit, für den Fall, dass es dir schwerfällt, dich damit zu verbinden.

ÜBUNG: ICH BIN DANKBAR FÜR ...[44]

Bei dieser Übung geht es darum, für einen von dir frei gewählten Zeitraum täglich mindestens zehn Situationen zu finden, für die du deine Dankbarkeit zum Ausdruck bringen willst. Wähle Situationen aus deiner Kindheit, Jugend oder aus jeder anderen Lebensphase von dir aus. Du kannst auch für Beziehungen, Gegenstände, Geld, das dir zur Verfügung steht, deine Gesundheit, Familie, oder für durchgeführte Aufgaben und Wachstumsmöglichkeiten Dankbarkeit zeigen. Setze dir selbst keine Grenzen, wofür du dankbar sein möchtest. Mit der Zeit wirst du merken, dass du für klitzekleine oder alltägliche Dinge dankbar bist – so wie Nathalie für ihre warme Dusche –, und manchmal für die großen Momente, für die du noch mal auf diese Weise deine Dankbarkeit zum Ausdruck bringst.

Du kannst diese Übung morgens nach dem Aufstehen durchführen. Das hat den Vorteil, dass deine Intention für den Tag sich daran ausrichtet. Oder du führst sie abends vor dem Einschlafen durch. Der Vorteil hier ist, dass du mit diesen Gedanken einschläfst und die Dankbarkeit in deinem Unterbewusstsein weiterwirken kann. Entscheide dich anfangs für eine feste Tageszeit, dadurch erinnerst du dich besser daran und baust deine persönliche Dankbarkeitsroutine auf.

Und so geht's:

Schritt 1: Lege einen Zeitraum fest, in dem du diese Dankbarkeitsübung täglich durchführst, etwa eine Woche, drei Wochen, einen Monat ...

Wähle an jedem Tag ein Thema aus, für das du Dankbarkeit zeigen möchtest, zum Beispiel für deine Eltern, deine Kindheit, deine Schulzeit, den gestrigen Tag, Geld, Gesundheit, deinen Körper ...

Schritt 2: Notiere dir jeden Tag zehn Dankbarkeitsmomente und verknüpfe sie mit deinem erfüllten Bedürfnis, zum Beispiel:

1. Ich bin dankbar dafür, dass gestern die Sonne schien. Das erfüllte mich mit Leichtigkeit auf dem Weg ins Büro.

2. Ich bin dankbar dafür, dass mein Mann gestern Abend das Essen gekocht hat, das war unterstützend.

3. Ich bin dankbar dafür, dass mein Sohn gesund nach Hause kam, denn so konnte ich beruhigt einschlafen.

4. Ich bin dankbar dafür, dass ich gestern mit meinen Freundinnen viel gelacht habe, das hat mir Verbindung mit ihnen gegeben.

5. Ich danke meinen Kollegen, dass sie mich mit zum Mittagessen genommen haben, das erfüllte mir das Bedürfnis nach Gemeinschaft.

6. Ich bin dankbar, dass ich gestern endlich den Vorgang abschließen konnte, das erfüllte mir das Bedürfnis *Wirksamkeit*.

7. Ich bin dankbar für die Rückmeldungen der anderen Elternbeirätinnen für das von mir geschriebene Protokoll. Das erfüllte mir das Bedürfnis *Wertschätzung*.

8. Ich bin dankbar dafür, dass ich gestern zu Hause war, als meine Schwester anrief, weil sie sich ausgesperrt hatte und ich ihr mit dem Ersatzschlüssel aushelfen konnte. Das erfüllt mir das Bedürfnis *Beitragen*.

9. Ich bin dankbar für mein Bett, in dem ich jede Nacht ruhig schlafe und morgens erholt aufwache. Das erfüllt mir mein Bedürfnis *Gesundheit und Erholung*.

10. Ich bin dankbar, einen festen Job zu haben, denn dadurch habe ich eine tägliche Struktur, die mir Ruhe und Orientierung im Alltag gibt.

Schritt 3: Wenn du mit deiner Dankesliste fertig bist, lies dir jeden einzelnen Satz laut vor. Sage nach jedem Satz mit klarer und fester Stimme dreimal »*Danke*«.

Schritt 4: Spüre dabei die Dankbarkeit und lächle.

Schritt 5: Wiederhole diese Übung regelmäßig über den von dir gewählten Zeitraum. Entscheide neu, ob du einen neuen Fokus wählen oder den des Vortages vertiefen magst.

Notiere deine Erkenntnisse.

....

....

....

WAS UNS VERBINDET: EMBODIMENT

Du hast einen Körper. Mit Haut und Haaren und von deinem Kopf bis zu deinen Füßen. Dein Körper umfasst deine Person, ist der Behälter deiner Seele, deines Herzens, deines Willens, deiner Gedanken, deines Verstands, kurz: Er beheimatet dein ganzes Wesen. Du kannst zwar durch Gedankenreisen deinen Körper verlassen, aber los wirst du ihn nicht. Leider vergessen wir unseren Körper im Alltag nur allzu oft.

Die folgende Anekdote aus dem Buch *Der Elefant, der das Glück vergaß«*[45] beschreibt, wie ungewohnt es für viele Menschen ist, den eigenen Körper wahrzunehmen und zu erkennen, auf welchen Ebenen sich Gefühle wie Angst oder Verspannungen ausdrücken.

Ein buddhistischer Mönch bekam einen Anruf von einer Studentin, die unter Angststörungen litt und inzwischen bettlägerig war. Kein Arzt oder Psychologe konnte ihr helfen. Er erkundigte sich bei ihr: »*Wo in Ihrem Körper nehmen Sie die Angst denn wahr?«* – »*Wie meinen Sie das?«*, fragte die Studentin. Er erklärte ihr, dass zu jeder Emotion auch eine körperliche Empfindung gehöre. Und er fragte erneut: »*Wo in Ihrem Körper spüren Sie die Angst?«* – »*Ich weiß es nicht«*, antwortete sie. »*Nun, dann finden Sie es bitte heraus und rufen mich wieder an, wenn Sie es herausgefunden haben.«* Ein paar Tage später meldete sie sich bei ihm und sagte, sie habe ein Gefühl in der Mitte des Brustkorbs registriert. Der Mönch bat sie, es näher zu beschreiben. »*Das kann ich nicht!«*, gab sie zurück. »*Dann rufen Sie wieder an, sobald Sie es können«*, bat er sie. Wieder ein paar Tage später rief sie ihn an und beschrieb überraschend präzise das Gefühl, das sie wahrnahm, wenn sie einen Angstanfall bekam. Der Mönch riet ihr dazu, in jedem Moment, in dem sie das Gefühl wahrnehme, die Hand auf den Brustkorb zu legen und sich diese Stelle mit so viel Anteilnahme und Zuneigung zu massieren, wie sie aufbringen könne. Und wenn sie dazu nicht in der Lage sei, könne sie ihren Freund bitten, die Massage für sie zu übernehmen. Nach ein paar Tagen rief die Studentin erneut an und sagte, das Gefühl sei verschwunden. Und mit dem Gefühl auch die Angst.

Hast du gewusst, dass deine Einstellung und deine Gedanken Einfluss auf deinen Körper und deine Körperhaltung haben? Wenn du zum Beispiel gestresst bist, dann spannst du deinen Schultergürtel und deinen Nacken an. Schließlich stellst du fest, dass du verspannt bist. Die Verspannung löst ebenso Stress aus und dein Körper durchspült dich dann mit Stresshormonen.

Aber wusstest du auch, dass dein Körper unmittelbaren Einfluss auf deine Gedanken und deine Einstellung hat? Es ist ein bisschen so wie beim Henne-Ei-Prinzip. Es ist nicht so klar, was zuerst da war: der Körper oder der Gedanke. So kannst du zum Beispiel durch ein bewusstes Lächeln deine Stimmung aufhellen. Durch das Lächeln bewegst du unterschiedliche Muskeln, die wiederum einen Reiz an dein Gehirn geben und diesem sagen: »*Alles bestens, entspann dich.*« Auch dabei schüttest du Hormone aus: Wohlfühlhormone.

Alle Erfahrungen, die du machst, machst du gleichzeitig auf der kognitiven, emotionalen und körperlichen Ebene. Du denkst, fühlst und reagierst durch und mit deinem Körper. Diese drei Ebenen sind miteinander verbunden und bedingen sich wechselseitig.[46] Diesen Vorgang nennt die Gehirnforschung *Embodiment*. Der Begriff *Embodiment* setzt sich zusammen aus den englischen Wörtern **Em**otion und **Body**. Durch den Zusatz **-ment** wird betont, dass es eine Wechselwirkung zwischen den *emotions* und deinem *body* gibt. Dass sich also deine Gefühle und dein Körper gegenseitig beeinflussen – in beide Richtungen.

Stell dir einen Menschen vor, der niedergeschlagen und schlapp ist. Wie steht diese Person da? Vermutlich mit herabhängenden Schultern, etwas gebeugtem Rücken, heruntergezogenen Mundwinkeln. Und jetzt stelle dir eine Person vor, die fröhlich ist. Wie steht sie da? Gerade, aufgerichtet, die Brust vielleicht etwas nach vorne gewölbt, die Mundwinkel nach oben gezogen. – Das ist Embodiment.

Wir drücken über unsere Körperhaltung unsere Gefühlslage aus. Und dadurch teilen wir auf – unbewusster – Ebene auch unsere Gedanken und Einstellungen mit. Dein Körper ist aber nicht einfach nur der Spiegel deiner inneren Welt, sondern auch Gestalter deiner inneren Welt. Das bedeutet, du kannst bewusst eine Körperhaltung einnehmen, die Kraft, Stärke, Zuversicht oder Fröhlichkeit ausdrückt, und kannst über deinen Körper deine Gedanken verändern.

Wenn es gelingt, entweder die Ebene der Gedanken oder die Ebene der Körperhaltung zu verändern, verändert sich die jeweils andere Ebene mit.

Auch die Gefühlsebene wird davon beeinflusst. Es ist möglich, die Welt anders als bisher zu betrachten und anders zu denken. Gelingt es, auf dieselben Auslöser mit anderen, neuen Gedanken und Gefühlen zu reagieren, verändert sich auf Dauer auch das Gehirn. Die Veränderung findet nicht nur an genau dieser Stelle im Gehirn statt, sondern beeinflusst auch die mit dieser Stelle verknüpften Gehirnstrukturen.[47]

In dem Buch *Das weibliche Gehirn* von Louann Brizendine[48] las ich vor ein paar Jahren zum ersten Mal, wie stark wir alle – Frauen und, ja, auch Männer – durch unsere Hormone gesteuert werden. Im Körper werden dauerhaft Hormone produziert, die das Verhalten direkt beeinflussen. Es gibt Hormone zum Wachwerden oder zum Einschlafen. Wenn du wütend und ärgerlich wirst, schüttet dein Körper andere Hormone aus, als wenn du gerade mit deinem Baby kuschelst. Und trotzdem bist du deinen Hormonen und deinem Körper nicht *ausgeliefert*. Denn du hast es in der Hand und in deinem Kopf, deinen Körper *umzugestalten*.

Die Neurobiologie hat zudem herausgefunden, dass Hormone Gefühlzustände im Körper *einbetonieren*. Menschen, die eher trübselig sind, produzieren auch verstärkt *Trübseligkeitshormone*. Menschen, die eher fröhlicher Natur sind, produzieren entsprechend *Fröhlichkeitshormone*. Die andauernde Hormonproduktion hat einen Effekt auf deinen Körper und deine Körperhaltung.[49]

Viele Menschen nutzen intuitiv diese Verbindung der gedanklichen, Gefühls- und körperlichen Ebene, um sich in eine bestimmte Stimmung zu versetzen. Andere machen das ganz bewusst, wie beispielsweise Sportler, die sich vor einem Spiel oder Wettbewerb durch bestimmte Rituale in eine bestimmte Kampfeslaune bringen. Die Tochter meiner Freundin ist Kickboxerin. Sie erzählte mir neulich, dass sie vor dem Kampf ein bestimmtes Lied höre und sich dadurch mental in eine gewisse Wettkampflaune bringe. Im Film *Rocky* war das auch prima zu sehen. »*It's the final Countdown – didudidu, didudididu ...*«, schon stieg Rocky Balboa in den Ring und kämpfte. Also wenn erfolgreiche Sportler das für sich in Anspruch nehmen, können wir diese Technik ebenfalls im Alltag zur Stärkung des Selbst-Vertrauens nutzen.

Durch eine bewusste, stärkende und aufrechte Körperhaltung nimmst du Einfluss auf deinen Hormonhaushalt. Du veränderst deine Stimmung und Geisteshaltung damit zu deinem Vorteil. Das geht auch kurzfristig in akuten

Momenten, also wenn du dich beispielsweise mental auf eine Präsentation vorbereiten möchtest oder auf eine bevorstehende Besprechung. Das geht aber auch dauerhaft, um dich dabei zu unterstützen, grundsätzlich auf andere Gedanken zu kommen.

Als ich mich vor einigen Jahren selbstständig machte, hatte ich mehrere Termine bei der Bundesagentur für Arbeit. Ich wollte unbedingt den Gründungszuschuss für mich erwirken. Es gab mehrere ablehnende Gespräche. Aus Sicht der Sachbearbeiterin war der Fall klar. *»Da will sich eine mit den Themen Konfliktmanagement für Unternehmen selbstständig machen. Das ist doch brotlose Kunst. Wir bemühen uns, sie wieder in ein Anstellungsverhältnis zu bekommen.«* Ich machte einfach mit und bewarb mich damals auf die mir angebotenen Stellen. Allerdings merkte ich auch, wie unsinnig es für mich war, alle vier Wochen bei der Arbeitsagentur anzutreten und mich zu rechtfertigen, warum ich mich nicht ausreichend oder erfolgreich beworben habe. Damals hatte ich gerade ein Buch zum Thema Embodiment gelesen und dachte: *»Das probierst du auf dem Arbeitsamt aus, denn du hast nichts zu verlieren.«* Beim nächsten Termin bog ich vorher in die Toilette ein, schloss die Tür und stellte mich breitbeinig auf, für einen starken, sicheren Stand. Dann beugte ich meine Knie etwas, sodass ich in einer Art Sumo-Ringer-Haltung stand. Ich hob meine Arme nach oben und begann, mit ihnen immer wieder kurz und schnell nach hinten zu federn, und dachte dabei Wörter wie *»Kraft, Energie, Sicherheit«.* Ich federte also in der Sumo-Ringer-Beinhaltung mit nach oben geöffneten Armen in der Kundentoilette des Darmstädter Arbeitsamtes. Nach circa zwei Minuten stellte ich mich wieder aufrecht hin, atmete noch einmal tief ein und aus, verließ die Toilette und suchte die Sachbearbeiterin auf. Wir begrüßten uns, ich zeigte ihr meine Bewerbungsunterlagen und die Nachweise. Dann sprach ich mit ihr noch mal über das Thema Selbstständigkeit. Und über meine Ideen. Ich erinnere mich noch genau, wie sie damals sagte: *»Ich spüre Ihre Begeisterung und sehe, dass es Ihnen wirklich ernst damit ist. Ich spreche mit meinem Vorgesetzten darüber und werde Sie, so gut ich kann, dabei unterstützen, den Gründungszuschuss zu erhalten. Auch, wenn ich nichts versprechen kann.«* Nachdem ich vorher immer nur *»Nein«* und *»Für diese Art von Selbstständigkeit gewähren wir keinen Gründungszuschuss!«* gehört hatte, war ich mehr als verblüfft. Für mich war diese Veränderung, die sichtbare Bereitschaft, mich zu unterstützen, der Beweis, dass ich durch Embodiment direkten Einfluss auf meine Ausstrahlung und Stimmung hatte.

Ich bin sehr dankbar für diese Erkenntnisse der neurobiologischen Forschung. Und ich freue mich, sie in meinen Alltag bewusst einzubringen. Ich glaube, dass Embodiment alle Menschen praktizieren können, auch, wenn es manchen ungewohnt erscheinen mag.

Probiere es selbst aus. Du findest in diesem Kapitel eine Übung, durch die du dich stärken kannst, zum Beispiel vor anstehenden Präsentationen oder schwierigen Gesprächen, sodass du stark in diese Termine gehst. Im Downloadbereich zum Buch findest du vertiefende, weiterführende Übungen für mehr Selbst-Vertrauen, Beschwingtheit und Leichtigkeit in deinem Leben oder zur Lockerung von festgefahrenen Situationen und Konflikten. Diese Übungen dienen dir dazu, mehr Kraft, Zuversicht und Selbst-Vertrauen zu entwickeln, und dazu, dass sich dein Körper so entfalten kann, dass er dir als Unterstützung, aber auch als Gestalter deiner Gefühlslage dient.

ÜBUNG EMBODIMENT:
VORBEREITUNG AUF EINEN WICHTIGEN TERMIN

→ Stelle dich aufrecht hin. Atme tief in deinen Bauch ein. Spüre, wie du mit beiden Beinen fest auf deinen Füßen stehst.

→ Schließe deine Augen und verwurzle dich gedanklich mit dem Boden.

→ Denke: »*Ich bin fest mit dem Boden verbunden!*«

→ Ziehe deine Schultern nach hinten und unten und wölbe deine Brust nach vorne. Atme gleichzeitig tief in deinen Bauch ein und wieder aus.

→ Strecke mit der nächsten Einatmung deine Arme V-förmig nach oben aus, die Handflächen zeigen dabei nach vorne. Das signalisiert Offenheit und Stärke zugleich.

→ Denke wieder oder sage zu dir selbst: »*Ich bin fest mit dem Boden verbunden!*«

→ Verweile in dieser Haltung für mindestens eine Minute oder so lange, wie du dich darin wohlfühlst.

WAS UNS VERBINDET: SELBST-WERTSCHÄTZUNG

In Seminaren und Unternehmen höre ich diesen Ausspruch regelmäßig: »*Wertschätzung? Was ist das?*« Dabei hält Wertschätzung mehr und mehr Einzug in alle möglichen Lebensbereiche. Es gibt Bücher und Seminare zu *wertschätzender Kommunikation*, *wertschätzendem Feedback* (vgl. ab Seite 166) oder zu *wertschätzender Führung*. Gemeinsam mit Irmtraud Kauschat habe ich zwei *Praxisbücher zum wertschätzenden Miteinander* geschrieben. Innerhalb der GFK-Welt hat Wertschätzung einen hohen Stellenwert. Gleichzeitig scheint Wertschätzung im Alltag (noch) nicht flächendeckend angekommen zu sein, obwohl es ein oftmals unerfülltes Bedürfnis ist. Deshalb ist es wichtig, neben der Wertschätzung für andere so oft wie möglich Selbst-Wertschätzung zu praktizieren.

Wertschätzung passiert nicht einfach so. Wertschätzung ist eine aktive Tat, eine bewusste Handlung. Wertschätzung will ausgedrückt, gezeigt, gegeben werden. Wertschätzung ist also etwas, wofür du dich entscheiden kannst. Echte, von Herzen kommende Wertschätzung führt zu Freude, zu Wohlfühlen und Angenommen-Sein.

Erkenntnisse der Gehirnforschung belegen das Phänomen, dass Wertschätzung in unserem heutigen Alltag eine eher untergeordnete Rolle spielt. Aus evolutionärer Sicht betrachtet war es lebensdienlicher, die Gefahr oder den Mangel zu erkennen. Hätten wir in den letzten 100 000 Jahren nicht ständig darauf geschaut, was uns bedroht, hätten wir uns vermutlich anders entwickelt oder wir hätten als Menschheit nicht überlebt. Wir wären vom Säbelzahntiger gefressen worden oder anderen tödlichen Gefahren zum Opfer gefallen. So aber wurden wir mit der Fähigkeit ausgestattet, die Gefahr zu erkennen. Rechtzeitig, sodass noch ausreichend Zeit für überlebenswichtiges Handeln blieb.

Heute in unserem Alltag gibt es auch *Gefahren*. Aber die wenigsten sind lebensbedrohlich. Es ist der Stress, der die Gefahr darstellt. Oftmals ist es selbst erzeugter Stress, in Form von inneren *Antreiberinnen* oder dem *inneren Kritiker*. Von außen entsteht der Stress durch verschiedene Momente: Der morgendliche Stau auf dem Weg ins Büro, ungelöste Konflikte in der

Familie oder die Ungerechtigkeiten des Lebens. All das sind in der Regel keine lebensbedrohlichen Situationen, die uns und unsere Sippe sterben lassen. Die *Gefahren* zu erkennen und konstruktiv damit umzugehen, ist aber notwendig, um sie zu verwandeln. Ein Weg dahin ist: Wertschätzung.

In aller Regel bekommst du deinen Alltag gemeistert. Da bin ich sicher. Obwohl du vielleicht nicht mit dir oder deinen Mitmenschen zufrieden bist, du manches lieber schneller, schöner, besser, größer oder anders hättest machen wollen. Aber du hast es gemacht, wie du es gemacht hast. Hast zu jeder Zeit dein Bestes gegeben, unter Einbeziehung der jeweiligen Situation und der Verfügbarkeit von Sachmitteln und personeller Unterstützung. Sei es die Wohnung, die du dir eingerichtet hast, der Job, den du gewählt hast, die Beziehung, die du führst. Das gilt es wertzuschätzen, in den Blick zu nehmen und zu würdigen. Auch wenn es anstrengend war oder du lieber ein anderes Ergebnis erzielt hättest.

Wertschätzung ist für mich eine Sonderform von Dankbarkeit. Du bringst deine Dankbarkeit dir selbst und/oder deinen Mitmenschen gegenüber zum Ausdruck. Dadurch wertschätzt du dich und/oder deine Mitmenschen – du erhöhst wörtlich den Wert, den diese Person (dich eingeschlossen) oder eine Sache für dich hat.

Warum sollten wir das nicht ständig machen? Wie schön wäre es, wenn wir uns gegenseitig mit Wertschätzung überhäuften, wenn etwas gut läuft, und konsequent den Fokus auf die Situationen, Momente und Aktionen legen, in denen wir eine Herausforderung oder auch *nur* unseren Alltag gemeistert haben!

Nein, das ist jetzt nicht der Blick durch die *rosarote* Brille. Sondern eine Umlenkung des Fokus auf die Dinge, die wirklich gut laufen. In deinem Leben. An denen du einen Anteil hast. Egal, wie groß dieser Anteil ist, fange an, ihn jetzt in den Blick zu nehmen. Durch Wertschätzung kannst du diese Anteile aufzeigen. Unterstütze ebenfalls dein Umfeld dabei, den Fokus auf das zu lenken, was gut läuft.

2018 begegnete ich zufällig dem Dalai Lama. Eine Erfahrung, die mir deutlich zeigte, wie Wertschätzung ebenfalls ausgedrückt werden kann. Ein Blick, ein Gruß oder eine wohlwollende Frage drücken bereits Wertschätzung aus. Der Dalai Lama war auf einem Kongress in Darmstadt. Bedauerlicherweise hatte ich keine Karte mehr dafür bekommen. Das Hotel, in dem er wohnte, lag auf dem Weg zu meinem Büro. Als ich dort vorbeikam, standen einige Menschen vor dem Hotel und ich fragte, auf wen sie warteten. »*Der Dalai Lama kommt hier gleich raus*«, verriet mir eine der Frauen. Ich entschied mich zu warten. Diese Chance wollte ich mir nicht entgehen lassen. Es sammelten sich weitere Menschen an, circa 40 oder 50. Alle wollten den Dalai Lama sehen. Dann kam er. Begleitet und umrundet von Bodyguards. Er trat aus dem Hotel heraus und blieb stehen, grüßte in die Runde, scherzte mit den Polizistinnen und dem Hotelpersonal, bedankte sich mit einem Handschlag bei jeder einzelnen Person, die hier war, um ihn zu beschützen oder zu bedienen. Er wandte sich nach und nach uns Schaulustigen zu. Auch wir wurden alle – ausnahmslos – mit einem kurzen Gruß und einem Handschlag bedacht. Seine Hand wühlte sich durch die kleine Menschenmenge. Es wurden Selfies gemacht und es wurde miteinander gelacht. Selbst die Menschen, die weiter weg standen, hatte er im Blick. Er winkte ihnen zu und grüßte sie so, als wäre er ihnen schon einmal begegnet. Dann erst stieg er in das Auto, das ihn zum nächsten Ort bringen sollte. Das Erste, was er tat, war, den Fahrer zu begrüßen und ihm die Hand zu reichen. Das war meine Lektion in Wertschätzung.

Um mehr Wertschätzung in dein Leben zu bekommen, brauchst du keine extra Weiterbildung. Es braucht einzig und allein deine Entscheidung dazu, Wertschätzung auszudrücken. Das Wort *Wertschätzung* besteht aus den beiden Wörtern *Wert* und *schätzen*. Folglich geht es darum, den Wert einer Person, einer Sache oder einer Aktion/Handlung für dich zu schätzen.

Die vier Schritte der *Gewaltfreien Kommunikation* kannst du nutzen, um deine Selbst-Wertschätzung und Wertschätzung zu formulieren. Der Wert, den du in diesem Falle bemisst, ist der Erfüllungsgrad deiner Bedürfnisse und deine damit verbundenen angenehmen Gefühle. Du kannst dich fragen: »*War diese Handlung wertvoll für mich oder nicht? Trug sie zur Erfüllung eines oder mehrerer Bedürfnisse bei?*« Wenn du diese Fragen bejahen kannst, verleihe deiner Wertschätzung Ausdruck. – Aber wie?

In der GFK drückst du Wertschätzung durch eine klare Beobachtung, dein Gefühl und dein erfülltes Bedürfnis aus. Daraus bemisst sich der Wert der Handlung für dich. Mit einer Selbst-Wertschätzung gibst du dir selbst die Wertschätzung, die du schon immer bekommen wolltest, auf Basis der vier Schritte.

Bevor du in die Übung einsteigst, schau dir noch einmal die Schlüsselunterscheidung zwischen Wertschätzung und Feedback und Lob, Tadel und Kritik auf Basis der GFK an (Kapitel »Was uns verbindet: Wertschätzung und Feedback geben«, Seite 169).

Erinnerst du dich? Bei Wertschätzung bringst du deine Gefühle und erfüllten Bedürfnisse zum Ausdruck, die sich durch eine bestimmte Handlung, Äußerung oder vielleicht sogar dem Erscheinungsbild einer Person erfüllen. Die Absicht, mit der die Wertschätzung zum Ausdruck gebracht wird, ist das Teilen von Freude, das Beitragen zum Wohlbefinden anderer und zu deinem eigenen Wohlbefinden. Daraus entsteht automatisch Verbindung.

ÜBUNG: SO WERTSCHÄTZT DU DICH SELBST

Durch Selbst-Wertschätzung trägst du dazu bei, mit dir selbst und deinen erfüllten Bedürfnissen in Kontakt zu kommen, diesen Zustand zu feiern, zu zelebrieren, zu würdigen.

Dadurch machst du dich unabhängig vom Lob, der Anerkennung oder der Wertschätzung anderer, auf die du vielleicht schon lange wartest.

Wiederhole diese Selbst-Wertschätzungsübung täglich – mehrfach. Wertschätze dich für kleine und große Momente.

Schritt 1: Denke an eine Handlung, Aussage, Aktion, für die du gerne Wertschätzung hättest. Notiere deine Beobachtung zur Situation. Formuliere, was genau du gesagt, getan oder unterlassen hast.

....

....

....

Schritt 2: Entscheide dich bewusst dafür, dir selbst die Wertschätzung auszudrücken.

Schritt 3: Wie hast du dich währenddessen gefühlt? Wie hast du dich danach gefühlt?

....

....

....

Schritt 4: Welches Bedürfnis hat sich dadurch erfüllt?

....

....

....

Schritt 5: Genieße für einen weiteren Moment dieses Gefühl. Freue dich darüber, dass du selbst zur Erfüllung deiner Bedürfnisse beiträgst.

Schritt 6: Bedanke dich bei dir selbst für das, was du getan hast.

Verstärkung der Selbst-Wertschätzung:

Stelle dich vor einen Spiegel und sage dir deine Wertschätzung direkt selbst ins Gesicht.

Spüre, wie es sich anfühlt, wenn du dich während deiner Selbst-Wertschätzung beobachtest.

Notiere deine Erkenntnisse.

....

....

....

WAS UNS VERBINDET: ABSCHIED NEHMEN

Mach das, was du willst, und das, was dir Spaß und Freude macht, und davon so viel wie möglich. Nutze dafür die vier Schritte der *Gewaltfreien Kommunikation* und prüfe über Beobachtung und Gefühl, wie du deine Bedürfnisse erfüllen kannst und zur Erfüllung der Bedürfnisse anderer beitragen magst. Auch aus neurobiologischer Sicht ist es sinnvoll, das zu tun. Gerald Hüther spricht in einem Interview davon, wie wir unsere Selbst-Heilungskräfte durch einen liebevolleren Umgang mit uns selbst aktivieren können, dadurch mehr im Einklang mit uns selbst sind und mit unseren Gefühlen und Bedürfnissen in Kontakt kommen, um herauszufinden, was uns guttut. [50]

Wachstum und Verbindung sind unsere ureigensten Bedürfnisse, sagt Gerald Hüther.[51] Wir sind im Mutterleib gereift, erst gab es unsere Zellen, dann den sich daraus hervorbildenden Körper und unser Gehirn. Wir wuchsen so lange, bis wir zu groß für den Mutterleib wurden und herauswollten. Verbunden waren wir über die Nabelschnur mit der Mutter, die uns mit dem versorgte, was notwendig und wichtig für uns war. Wir waren also verbunden, geschützt und versorgt, während wir wuchsen.

Wachstum heißt für mich, etwas entwickeln, gestalten, erfinden, untersuchen, herausfinden, der Neugier nachgehen, schreiben, singen, wandern, Neues ausprobieren, den Mut haben, über den eigenen Schatten zu springen.

Verbindung bedeutet für mich, mit mir und meinen Gefühlen und Bedürfnissen verbunden zu sein – auch mit den Gefühlen und Bedürfnissen meiner Mitmenschen –, das gibt mir Sicherheit. Gefühle wie Wärme, Prickeln und Leichtigkeit lassen mich in Verbindung mit dem Leben sein. Verbindung ist für mich Vertrauen. Vertrauen in mich, in meine Mitmenschen, darauf, dass wir alle eigentlich nur Gutes wollen, auch wenn wir hin und wieder unglückliche Strategien wählen. Eingebunden-Sein und in Verbindung zu sein, bedeutet für mich Zugehörigkeit. Wenn ich mich zugehörig fühle, richte ich den Blick von mir zu meinen Mitmenschen und wieder zurück zu mir.

Wachstum und Entwicklung bringen Veränderungen hervor, die manchmal Verbindungen abreißen lassen. So wie die Nabelschnur nach der Geburt durchtrennt wird und wir als Menschen plötzlich selbst atmen müssen und schreien lernen, um auf unser Bedürfnis nach Satt-Werden oder In-den-Arm-genommen-Werden hinzuweisen. Diese Veränderungen, die manchmal plötzlich passieren, machen Angst und verunsichern.

>> Habe Ehrfurcht vor dem Alten und Mut,
das Neue frisch zu wagen. <<

Darmstädter Großherzog Ernst-Ludwig

Zur Veränderung gehört deshalb, Abschied zu nehmen, das Vergangene zu betrauern, zu verabschieden, zu würdigen. Sich aktiv mit dem auseinanderzusetzen, was war oder nicht war. Diese aktive Auseinandersetzung hilft, das Neue anzunehmen. In vielem, was erschaffen wurde, steckt unglaublich viel Herzblut, Liebe, Energie und Kraft. Wenn Menschen erleben, dass ihr Beitrag nicht gesehen und gewürdigt wird, sperren sie sich gegen die Veränderung, beharren auf dem *Alten* und werden zu den Bewahrern der alten Welt. Das macht das Zusammenleben mit ihnen anstrengend. Veränderungen passieren zwangsläufig. Sei es, dass in deinem Leben Menschen kommen und gehen, die Jahreszeiten sich abwechseln, du einen neuen Job annimmst, umziehst, dich trennst oder in den Urlaub fährst. All das verändert dein Leben und hat Einfluss auf deine Mitmenschen.

Die Welt hat sich immer verändert und wird sich weiter verändern. Es gibt keinen Stillstand. Blicke auf dein Leben zurück, egal ob du 19 Jahre oder 69 Jahre bist. Gab es einen Moment des Stillstands? Du entdeckst bestimmt Momente, die so schön waren, dass du sie gerne bewahrt hättest. Oder so furchtbar, dass es schien, als ob die Zeit stillstünde. Vorübergegangen sind sie alle. Nimm bewusst und mit Unterstützung der vier Schritte Abschied, um dich vollkommen deiner Veränderung hinzugeben. Dazu habe ich die folgende Übung entwickelt.

ÜBUNG: HERZ, NIMM ABSCHIED UND GESUNDE

Schritt 1: Erinnere dich an eine Veränderung, die dir schwerfällt anzunehmen. Formuliere deine Beobachtung dazu. Was ist passiert? Was hast du oder hat eine andere Person unternommen, das zur Veränderung geführt hat? Notiere deine Beobachtung.

....

....

....

Schritt 2: Welche Gedanken, Bewertungen, Urteile, Ideen, Analysen, Interpretationen hast du zu dieser Veränderung? Notiere alles, was dir durch den Kopf geht.

....

....

....

Schritt 3: Wie hast du dich damals gefühlt?

Damals fühlte ich mich ...

....

....

....

Schritt 4: Wie fühlst du dich heute, wenn du an diese Veränderung denkst? Wo in deinem Körper spürst du das Gefühl?

Heute fühle ich mich ..., ...

....

....Verweile bei deinem Gefühl.

Schritt 5: Welches Bedürfnis war damals nicht erfüllt?

....

....

....

Schritt 6: Gibt es etwas, das du jetzt bei dieser Veränderung betrauern oder bedauern möchtest, da es nicht mehr Teil deines Lebens ist? Verweile mit und bei deiner Trauer.

Schritt 7: Gibt es möglicherweise ein Bedürfnis, das sich durch die Veränderung erfüllt?

....

....

....

Schritt 8: Gibt es etwas, das in Beziehung zu dieser Veränderung stand und das du feiern möchtest, da es nicht mehr Teil deines Lebens ist?

....

....

.... Verweile hier.

Schritt 9: Wenn du bereit bist, danke deiner Trauer, dass sie sich dir gezeigt hat. Bedanke dich bei dem, was du verabschieden magst, und begrüße das, was du gefeiert hast.

Schritt 10: Nimm wahr, wie du dich jetzt fühlst.

Notiere deine Erkenntnisse.

....

....

....

WAS UNS VERBINDET: ENTWICKLE, ENTDECKE UND GESTALTE DEIN LEBEN

Wie kann es gelingen, Veränderung bedürfnisbasiert zu gestalten? Es gelingt, indem wir unsere Bedenken in den Blick nehmen, uns unserer Gefühle und Bedürfnisse bewusst werden und lernen, sie zu artikulieren.

Wir können mit Veränderung umgehen. Womit wir als Menschen schlechter umgehen können, ist eine hohe Veränderungstaktung. Finden Veränderungen zu schnell oder zu oft statt, haben wir zu wenig Zeit und Muße, uns anzupassen. Ich habe 15 Jahre lang in einem Konzern gearbeitet, der sich in einem ständigen Umstrukturierungsprozess befand. Anfangs waren die Abstände etwas größer, circa drei Jahre. Danach wurden sie kürzer. Nachdem ich in einem Jahr dreimal die Autosignatur meines E-Mail-Programms aktualisiert hatte, gab ich es auf, mir zu merken, wie meine Abteilung hieß. Meine Arbeit veränderte sich nicht, aber das Unternehmen schon. Es war eine merkwürdige Erfahrung, die Angst und Resignation bei vielen Beschäftigten hervorrief.

Große Veränderungen in meinem Leben waren zum Beispiel das Ende meiner Schulzeit oder die Geburten meiner Kinder. Allerdings hatte ich bei diesen Veränderungsprozessen Zeit, mich vorzubereiten und mir Strategien für den Übergang sowie die Eingewöhnungsphasen zu überlegen. Vor allem habe ich diese Phasen aktiv gestaltet. Was nicht zwingend bedeutete, dass ich hundertprozentig wusste, was genau zu tun war. Der Anpassungsprozess war anfangs holprig und mit großer Anstrengung verbunden. Trotzdem hatte ich durch meine aktive Gestaltung das Vertrauen, dass ich und meine Mitmenschen Wege finden würden, wie wir mit diesen Veränderungen umgehen hatten. Das ist eine Fähigkeit, die ich mir für ungeplante, nicht selbst herbeigeführte Veränderungen verlässlich abrufen kann. Schleichende Veränderungen bringen Menschen ebenfalls aus dem Konzept. Meistens dann, wenn sie die Veränderungen nicht selbst herbeigeführt haben und sich als passiven Part erleben. Wenn du dein Leben selbst entwickelst, entdeckst und gestaltest, bist du aktiv und kreativ. Du kannst dir die Bedürfnisse nach Wachstum und Verbindung auf vielfältige Weise selbst gestalten.

Mit der folgenden Übung entwickelst du deine Vision für dein Leben und setzt dir ein konkretes Ziel. Konzentriere dich dabei darauf, was dir Freude macht. Vielleicht willst du ein Instrument lernen, die GFK in deine Kommunikation vertiefend integrieren oder deinen Garten umgestalten? Eine Vision zu haben, gibt dir Orientierung und Struktur. Du kannst dich daran ausrichten. Ein konkretes Ziel zu kennen, hilft dir, leichter Strategien zu finden, um das Ziel zu erreichen. Die Vision ist der Kompass, an dem du dich ausrichtest, um die Koordinaten, also dein Ziel, im Blick zu behalten. Prüfe auf deinem Weg regelmäßig, ob deine Vision noch stimmig ist und du mit deinen Bedürfnissen und Werten verbunden bist. Das merkst du daran, wenn es leicht geht und dir die Dinge nur so zufliegen. Wenn es schwer oder anstrengend wird, halte inne. Setze dich auf eine Bank am Wegrand und spüre in dich hinein. Folge deinem Weg nicht blind, sondern fühle dich fortlaufend erneut in dich ein. Sei mit dir geduldig auf deinem Weg, auch mit deinen Mitmenschen. Für sie kann es ungewohnt und schwer sein, dir zu folgen. Möglicherweise entstehen neue Konflikte, es verabschieden sich Menschen aus deinem Leben oder du triffst plötzlich Entscheidungen, die zu großen Veränderungen führen. Bleibe in diesen Phasen erst recht mit dir über die vier Schritte verbunden und spüre nach, wie es dir und den Menschen geht, die ebenfalls auf deinem Weg sind.

ÜBUNG: DURCH SELBST-COACHING DEINE VISION ENTWICKELN UND ZIELE GESTALTEN[52]

Schritt 1: Überlege dir, woran du gerne arbeiten würdest oder was du erlernen willst. Vielleicht handelt es sich dabei um etwas, was du schon einmal angefangen hast, aber aus irgendeinem Grund nicht weiterverfolgt hast. Es kann sich dabei um jedes Thema aus deinen Lebensbereichen handeln, beispielsweise Gesundheit, Musik, Kunst, Sexualität, Beruf, Familie, Wohnort, Sport oder Geld.

Notiere alle deine Gedanken oder Ideen, die dir jetzt einfallen.

....

....

....

Schritt 2: Spüre nach. Wie fühlt es sich jetzt an, wenn du daran denkst, was du angehen magst? Was spürst du? Wo in deinem Körper nimmst du dieses Gefühl wahr? Schreibe in einer anderen Farbe deine Gefühle auf das Blatt.

....

....

Schritt 3: Welches Bedürfnis erfüllt sich dir, wenn du dich mit deinem Vorhaben verbindest? Notiere in einer weiteren Farbe dein Bedürfnis.

....

....

Schritt 4: Überlege dir erste Strategien in Richtung der Erfüllung deiner Vision. Notiere dir alle deine Ideen und Strategien. Begrenze dich nicht. Schreibe alles auf, was dir in den Kopf kommt. Auch wenn es dir absurd, unmöglich oder nicht ausführbar erscheint.

....

....

....

Schritt 5: Entscheide dich jetzt für eine der Strategien.

....

....

Schritt 6: Spüre nach. Was fühlst du in Bezug auf die von dir gewählte Strategie?

Schritt 7: Welches Bedürfnis erfüllst du dir durch diese Strategie?

Schritt 8: Prüfe, ob du diese Strategie verfolgen magst. Wenn du ihr ein Ja gibst, mache weiter mit Schritt 10.

Schritt 9: Wenn du ihr ein Nein gibst, **wiederhole die Schritte 4 und 5,** um die Strategie zu finden, die passend für dich und dein Vorhaben ist.

....

....

Schritt 10: Unterteile deine Strategie in kleine Zeiteinheiten und einzelne Aufgabenpakete.

....

....

Schritt 11: Überprüfe nach Ablauf der von dir gewählten Zeiteinheit erneut, wie es dir geht, welche Bedürfnisse erfüllt sind und ob es sich noch um die passende Strategie handelt. Kommst du deinem Ziel näher?

....

....

Um etwas in deinem Leben neu zu lernen, anders zu machen als bisher oder dich selbst weiterzuentwickeln, durchläufst du verschiedene Prozesse und Entwicklungsstufen. Dieser Veränderungsprozess führt dich durch deinen ganzen Körper, über deinen Kopf und deine Gefühls- und Bedürfnisebene. Das gilt fürs Ausmisten genauso wie für einen Jobwechsel oder die Entscheidung, mehr Sport zu machen oder dich gesünder zu ernähren. Und ganz sicher für das Integrieren der vier Schritte der GFK in deine Alltagskommunikation und Haltung.

Sicherlich gibt es unterschiedliche Momente des Bewusstwerdens. Mal erkennst du auf der Kopfebene, dass du etwas anders machen möchtest. Mal kann es sein, dass du dich unwohl fühlst. Vielleicht hast du ein unerfülltes Bedürfnis erkannt? Deine Körperwahrnehmung wird dich dabei zuverlässig unterstützen und dir den Weg zeigen, den du gehen kannst. Verlasse dich auf dich und deine Gefühlswahrnehmung, übe dich regelmäßig in Selbst-Einfühlung und im empathischen Begleiten anderer. Es ist wie beim Sport oder dem Erlernen eines Instruments: Ohne eigene Erfahrungen kommst du nicht weiter. Wir lernen und verinnerlichen Neues dann, wenn wir es uns gestatten, selbst Erfahrungen zu machen. Durch das Begreifen einer Sache oder einer Theorie lernst du, sie zu verstehen. So ist dieser Prozess des Lernens über den ganzen Körper verteilt. Du erkennst mit deinen Augen, deinem Verstand und lernst durch das »Begreifen« mit deinen Händen, um zu verstehen, und mit deinen Füßen, auf dem neuen Fundament des Gelernten zu stehen. Ich mag dieses Bild des ganzheitlichen Lernens und das Einbeziehen des Körpers.

Als Trainerin begegne ich Menschen, denen es schwerfällt, in sich hineinzuspüren. Sei es, dass es ihnen zu esoterisch vorkommt, sei es, weil sie es sich nicht erlauben oder gelernt haben. Vielleicht denken sie, die Situation sei nicht passend.

Mit diesem Buch habe ich dir verschiedene Impulse für den Einsatz der *Gewaltfreien Kommunikation* im Alltag gegeben, um in Verbindung mit dir und deinen Mitmenschen zu kommen. Die Beispiele haben dir illustriert, wie du die vier Schritte in unterschiedlichen alltäglichen Momenten einsetzen kannst. Ich hoffe, du hast die eine oder andere Übung gemacht und ausreichend Erkenntnisse gewonnen, die dich darauf vertrauen lassen, dass Empathie im Alltag wichtig ist – ob aktiv praktizierte Selbst-Empathie oder Empathie mit anderen.

Was immer dich gedanklich daran hindert, probiere die vier Schritte weiter aus. Sammle weitere Erfahrungen damit und reflektiere deine Erkenntnisse. Was ist das Schlimmste, was passieren könnte? Dass du scheiterst? Oder dass es dir gelingt, Mitgefühl für dich und deine Mitmenschen zu entwickeln oder zu vertiefen? Dass Verbindung entsteht? Spüre dort hin und verbinde dich in diesem Augenblick mit deinem Gefühl und deinem Bedürfnis, das sich dir zeigt. Nutze die vier Schritte immer dann, wenn du den Eindruck hast, du brauchst Selbst-Empathie. Nutze sie vor allem dann, wenn du den Eindruck hast, die Person, die mit dir ist, braucht Mitgefühl. Es gibt keine unpassenden Gelegenheiten für Empathie. Der richtige Zeitpunkt für Empathie und GFK im Alltag ist JETZT.

Dankbarkeit und Wertschätzung

Ich bin voller Dankbarkeit, dieses Buch geschrieben haben zu dürfen. So viele Personen waren direkt oder indirekt daran beteiligt. Allen, die meinen Weg bis hierhin begleitet haben, bin ich von ganzem Herzen dankbar.

Mein Dank geht an Birgit Reiter von der Münchner Verlagsgruppe für das in mich gesetzte Vertrauen und die Idee, ein Buch zu meinem Herzensthema herauszubringen.

Danke an meine Lektorin Ariane Novel für die große Freiheit, mit der ich dieses Buch schreiben konnte, und die inspirierenden, erhellenden Video-Konferenzen. Ich freue mich darauf, sie eines Tages in natura zu treffen.

Petra Holzmann bin ich dankbar für das Abschlusslektorat und -korrektorat, durch das so manche Formulierung noch präziser und verständlicher wurde.

Danke, liebe Alice, für das Korrekturlesen, das Ausmerzen der Tippfehler und der vielen, vielen Füllwörter. Und die Verkürzung von so manchem verschwurbelten Satz. Danke für die Leichtigkeit und Verlässlichkeit auch für unsere anderen Projekte.

Ich danke meinen Kindern dafür, dass sie mir jeden Tag aufs Neue die Möglichkeit bieten, mich in den vier Schritten zu üben. Das erfüllt mir die Bedürfnisse Wachstum und Verbindung und lässt meine Liebe zu ihnen noch tiefer werden.

Meine Mutter gestattet mir einen selbstbestimmten Lebensweg – von Geburt an, und steht bedingungslos hinter mir. Danke <3

»Bleib so, wie du bist! Was anderes bleibt dir eh nicht übrig«, ist ein Satz, den mir mein Vater mitgegeben hat, und dafür bin ich ihm dankbar.

Dankbar bin ich dem Mann, der mich über 30 Jahre begleitet hat und ein wunderbarer Papa unserer Kinder ist.

Meiner Schwester bin ich dankbar dafür, dass sie mich früher in ihr Bett hat krabbeln lassen und mir heute ab und zu den Kopf zurechtrückt.

Meinen Stammi-Mädels bin ich dankbar für unser langjähriges Zusammensein, die vielfältige Unterstützung, das bedingungslose Annehmen, die Sicherheit, immer ein offenes Ohr zu finden, zu tanzen, zu essen, zu feiern und auch gemeinsam zu trauern. Seit mehr als 30 Jahren.

Ich danke meinem Partner für sein Dasein und unsere gemeinsamen Satsangs. Und dafür, dass er bereitwillig und mit offenem Herzen dieses Buch Korrektur gelesen hat.

Mein Dank geht an Irmtraud Kauschat für ihre bewundernswerte und ruhige Art, in Konflikten die Giraffe zu sein, die ich auch gerne sein will. In meinen Workshops, Mediationen und auch hier beim Schreiben des Buches saß sie imaginär auf meiner Schulter. Diese Vorstellung half mir bei so mancher Formulierung und in vielen anderen Lebensbereichen dabei, wieder in die Haltung der GFK einzusteigen.

Tina Schwab danke ich für die Begleitung und die Zusammenarbeit in den letzten Jahren und die daraus entstandene Freundschaft. Zu wissen, dass ich eine echte GFK-Freundin habe, erfüllt mich mit Dankbarkeit und Vertrauen.

Meiner GFK-Peergruppe, die mich seit Jahren begleitet, bin ich dankbar für die vielen unterstützenden Prozesse, die ich mit ihnen durchlaufen habe und die mir helfen, meine Themen auf Basis der vier Schritte anzuschauen.

Mein Dank geht auch an Nicole Leipert-Knaup, durch die ich die GFK im richtigen Moment kennenlernte.

Ein großes Dankeschön schicke ich an Mirja Heunemann, die mit GFK-Brille gelesen hat, wodurch ich eine weitere Lektion in Sachen Pseudogefühlen mitnehmen durfte. Mir erfüllt das die Bedürfnisse Sicherheit, Verbindung und Wertschätzung.

Danke sage ich allen Kursteilnehmerinnen, Klienten und Medianten, die mir ihr Vertrauen und so manche Anekdote für dieses Buch geschenkt haben. Danke für die Wertschätzung, die mir und der Welt damit geschenkt wird.

Auch wenn ich ihn nie persönlich kennenlernen konnte, danke ich Marshall B. Rosenberg für diese vier Schritte. Die Kraft und Leidenschaft, mit der er sie in die Welt getragen hat, hat dazu geführt, dass es heute weltweit eine GFK-Bewegung gibt, die wächst und wächst. Von einigen seiner Schülerinnen durfte ich lernen; dazu gehören für mich vor allem Irmtraud Kauschat, Nicole Leipert-Knaup, Monika Oboth und Simone Anliker. Für mich sind sie wie eine Familie, in die ich eingebunden bin. Mich selbst sehe ich als Enkelin Marshall B. Rosenbergs. Das erfüllt mir die Bedürfnisse Verbindung, Eingebunden-Sein und Sinnhaftigkeit.

»Sei du selbst die Veränderung, die du in der Welt sehen willst.« Dazu lud uns Gandhi ein. Diese Veränderung kann ich sein, dank aller Menschen, die mich auf meinem Lebensweg bisher begleitet haben und die auch weiterhin Teil meines Lebens sind. Bedanken möchte ich mich heute auch schon bei den Menschen, die mir noch nicht begegnet sind, die aber zu meinem Wohlbefinden und Wachstum beitragen werden.

Danke, dass es dich gibt.

GEFÜHLS- UND BEDÜRFNISLISTEN

GEFÜHLSLISTEN

SO KANNST DU DICH FÜHLEN, WENN DEINE BEDÜRFNISSE NICHT ERFÜLLT ODER IM MANGEL SIND			
abwesend	ängstlich	alarmiert	allein
angespannt	angstvoll	ärgerlich	bekümmert
besorgt	bestürzt	betrübt	bitter
deprimiert	desinteressiert	düster	durcheinander
einsam	elend	entsetzt	entnervt
erschöpft	erschrocken	frustriert	furchtsam
gelangweilt	gleichgültig	hilflos	irritiert
kalt	kleinmütig	konfus	krank
kribblig	lethargisch	matt	melancholisch
miserabel	müde	mutlos	niedergeschlagen
passiv	ungeduldig	unruhig	unsicher
unstet	schlaff	schmerzerfüllt	träge
traurig	überlastet	verdrossen	verrückt
verwirrt	verzagt	verzweifelt	

SO KANNST DU DICH FÜHLEN, WENN DEINE BEDÜRFNISSE ERFÜLLT SIND			
aktiv	angeregt	angekommen	begeistert
behaglich	belebt	berührt	bewegt
dankbar	energievoll	enthusiastisch	erfüllt
erleichtert	erlöst	erregt	erstaunt
fasziniert	frei	freudig	friedlich
froh	fröhlich	gebannt	geborgen
gelassen	glücklich	heiter	hoffnungsvoll
interessiert	lebhaft	liebevoll	lustig
motiviert	munter	mutig	neugierig
ruhig	sanft	selig	sicher
sorglos	überrascht	überschwänglich	unbekümmert
unternehmungslustig	vertrauensvoll	wach	zärtlich

SEKUNDÄRGEFÜHLE				
(Gefühle, die mit Gedanken und Urteilen verbunden sind und die auf dem Konzept »richtig–falsch« beruhen)				
Wut	Ärger	Scham	Schuld	Depression

PSEUDOGEFÜHLE			
(Wörter oder Ausdrücke, die in unserer Gesellschaft für Gefühle verwendet werden, die unsere Gedanken, Urteile, Bewertungen und Diagnosen ausdrücken. Sie implizieren, die andere Person habe etwas gemacht, das dazu geführt hat, wie ich mich fühle. In der Gewaltfreien Kommunikation werden sie Pseudogefühle genannt.)			
abgelehnt	angegriffen	ausgenutzt	ausgestoßen
betrogen	beurteilt/verurteilt	blöd	diskriminiert
enttäuscht	gehört	gekränkt	geschätzt
getäuscht	gezwungen	hintergangen	ignoriert
manipuliert	(miss)verstanden	provoziert	verletzt
benutzt	dumm	gesehen	(in)kompetent

BEDÜRFNISLISTE[53]

Die GFK-Literatur bietet vielfältigste Bedürfnislisten an. Diese dient dir als Anreiz und Inspiration. Sie ist unterteilt in verschiedene Bereiche der Bedürfniserfüllung. Du findest darin Bedürfnisse, die in der Alltagskommunikation Verbindung schaffen. Möglicherweise fallen dir abweichende oder weitere Begriffe ein. Notiere sie dir, um deinen persönlichen Bedürfniswortschatz aufzubauen. Es kann auch hilfreich sein, Synonyme zu finden, die für deine Mitmenschen leichter zu hören und zu verstehen sind, wie zum Beispiel Autonomie – Selbst-Bestimmung.

KÖRPERLICHE BEDÜRFNISSE			
Atmung/Luft	Schlaf/Ausruhen/Erholung	Nahrung – Essen/Trinken	Schutz/Wärme/Sicherheit
Sensorische Anregung/Berührung	Bewegung	Licht	Urinieren/Stuhlgang
Sexueller Ausdruck	Körperliches Wohlbefinden	Gesundheit	

ICHBEZOGENE BEDÜRFNISSE (NUR ICH KANN SIE MIR ERFÜLLEN)			
Atmung/Luft	Schlaf/Ausruhen/ Erholung	Nahrung – Essen/Trinken	Schutz/Wärme/ Sicherheit
Sensorische Anregung/ Berührung	Bewegung	Licht	Urinieren/ Stuhlgang
Sexueller Ausdruck	Körperliches Wohlbefinden	Gesundheit	

SOZIALE BEDÜRFNISSE			
(Ich und andere können sie mir erfüllen)			
Zugehörigkeit	Anerkennung/ Akzeptanz (dass + wie ich bin)	Wertschätzung (für das, was ich tue)	Unterstützung
Bildung/ Erkenntnisse/ Wachstum	Liebe	Intimität/Nähe, Zärtlichkeit, Geborgenheit	Verstehen (große Zusammenhänge)
Friede	Schönheit	Begeisterung/ Freude	Feiern/Bedauern/Trauern
Ordnung/ Ritual	Spiritualität	Einfühlung	Verbindung

DIE GRUNDANNAHMEN ZU DEN BEDÜRFNISSEN IN DER GEWALTFREIEN KOMMUNIKATION

Alle Menschen haben **dieselben Bedürfnisse,** unabhängig von Alter, Herkunft, Geschlecht, Kultur, Religion oder weiteren Unterscheidungsmerkmalen.

Menschen handeln in Erfüllung ihrer Bedürfnisse. Eines der Bedürfnisse ist das Beitragen zur Erfüllung der Bedürfnisse anderer Menschen oder allgemein formuliert: *um das Leben zu bereichern.*

Hinter jeder Handlung findet sich ein guter Grund (ein unerfülltes Bedürfnis). Das gilt für dich, für mich und alle Menschen.

Die **Erfüllung der Bedürfnisse ist nicht an eine bestimmte** Person, einen bestimmten Ort, eine bestimmte Zeit, ein bestimmtes Objekt und/oder eine bestimmte Handlung geknüpft.

Es ist **notwendig, Bedürfnisse zumindest hin und wieder zu erfüllen,** um zu überleben, uns zu entwickeln und gesund zu sein und zu bleiben.

Werden **Bedürfnisse nicht erfüllt,** kommt es zu **Spannungszuständen.**

Konflikte entstehen auf der Strategieebene und nicht auf der Ebene der Bedürfnisse. Es sind die Strategien, über die wir streiten. Die Ursachen für einen Streit oder Konflikt sind unsere unerfüllten Bedürfnisse.

Wir **bitten in der *Gewaltfreien Kommunikation* um die Erfüllung unserer Bedürfnisse** und nicht darum, eine konkrete Strategie auszuführen.

Eine **Bitte ist *positiv*, machbar und im Hier und Jetzt erfüllbar.** Das bedeutet, wir bitten konkret um eine Handlung, die jetzt sofort ausführbar ist und zur Erfüllung unseres Bedürfnisses beiträgt.

Die *Gewaltfreie Kommunikation* **sieht Ärger als einen tragischen Ausdruck unerfüllter Bedürfnisse.**

Ich bin verantwortlich für die Erfüllung meiner Bedürfnisse. Ich bin verantwortlich für meine Gefühle. Ich bin verantwortlich für meine Handlungen und die Strategien, die ich wähle, um meine Bedürfnisse zu erfüllen.

Im Umkehrschluss gilt: **Du bist verantwortlich für die Erfüllung deiner Bedürfnisse.** Du bist verantwortlich für deine Gefühle. Du bist verantwortlich für deine Handlungen und die Strategien, die du wählst, um deine Bedürfnisse zu erfüllen.

Der **Empfänger einer Nachricht bestimmt den Inhalt der Nachricht.**[54] Du kannst die schönsten Worte verwenden, die freundlichsten Formulierungen einbauen – wenn die andere Person einen Vorwurf hören will, hört sie ihn. In diesen Fällen dienen die Verbindungsbitten als Brücke, um aus der Haltung der GFK zu kommunizieren.

VERWENDETE UND WEITERFÜHRENDE LITERATUR

Bauer, Joachim: Warum ich fühle, was du fühlst. Intuitive Kommunikation und das Geheimnis der Spiegelneurone, München: Wilhelm Heyne Verlage, 2006.

Brahm, Ajahn: Der Elefant, der das Glück vergaß. Buddhistische Geschichten, um Freude in jedem Moment zu finden, München: Lotos Verlag, 2014.

Brizendine, Louann: Das weibliche Gehirn. Warum Frauen anders sind als Männer, München: Goldmann Verlag, 2008.

Byrne, Rhonda: The Magic, München: Knaur, 2012.

Canfield, Jack und Hansen, Mark Victor: Hühnersuppe für die Seele. Geschichten, die das Herz erwärmen, München: Arkana Verlag, 2015.

Gandhi, Arun: Wut ist ein Geschenk, Köln: Dumont, 2017.

Gordon, Thomas: Familienkonferenz: Die Lösung von Konflikten zwischen Eltern und Kind, München: Heyne, 2012.

Gordon, Thomas: Familienkonferenz in der Praxis. Wie Konflikte mit Kindern gelöst werden, München: Heyne 2012.

Herzog, Werner (Regie und Drehbuch): Mein liebster Feind, Dokumentarfilm, 1999.

Hüther, Gerald: Bedienungsanleitung für ein menschliches Gehirn, Göttingen: Vandenhoeck & Ruprecht, 2010.

Hüther, Gerald: Lieblosigkeit macht krank. Was unsere Selbstheilungskräfte stärkt und wie wir endlich gesünder und glücklicher werden, Freiburg: Herder, 2021.

Hüther, Gerald: Wer wir sind und was wir sein könnten. Ein neurobiologischer Mutmacher, Frankfurt: S. Fischer, 2011.

Kauschat, Irmtraud, und Schulze, Birgit: 52 × ICH – Praxisbuch zum wertschätzenden Umgang mit mir selbst auf Basis der Gewaltfreien Kommunikation, 2. Auflage, Norderstedt: BoD, 2019.

Kauschat, Irmtraud, und Schulze, Birgit: Das große Praxisbuch zum wertschätzenden Miteinander – 101 Übungen zur Inspiration Ihrer Seminare und Gruppen auf Basis der Gewaltfreien Kommunikation. 2. Auflage, Norderstedt: BoD, 2017.

Kreutzer, Michael: Straßengiraffisch. Einführung in mitfühlende Kommunikation in der Alltagssprache, Independently published, 2020.

Obama, Michelle: Becoming, München: Goldmann, 2019.

Rosenberg, Marshall B.: Konflikte lösen durch Gewaltfreie Kommunikation Ein Gespräch mit Gabriele Seils, 8. Auflage, Freiburg: Herder, 2007.

Rosenberg, Marshall: Gewaltfreie Kommunikation. Eine Sprache des Lebens, Paderborn: Junfermann, 2008.

Rosenberg, Marshall: Die Sprache des Friedens sprechen – in einer konfliktreichen Welt, Paderborn: Junfermann, 2006.

Shannon, Claude E., und Weaver, Warren: The Mathematical Theory of Communication, University of Illinois Press, 1963.

Thich Nhat Hanh: Ärger. Befreiung aus dem Teufelskreis destruktiver Emotionen, München: Goldmann Arkana, 2007.

WEITERFÜHRENDE LINKS UND GFK-ORGANISATIONEN

Kostenloser Downloadbereich zum Buch auf: **www.birgitschulze.com**

Netzwerk Gewaltfreie Kommunikation Darmstadt Südhessen e.V.:
https://www.gewaltfrei-darmstadt.org/

D-A-CH deutschsprechender Gruppen für Gewaltfreie Kommunikation e.V.:
https://dach.gfk-info.de/

The Center for Nonviolent Communication: **https://www.cnvc.org/**

Tanzparkett: Bridget Belgrave/Gina Lawrie – alle Informationen dazu auf:
http://life-resources-shop.com/

Zu Havening, Dr. Ronald A. Ruden: **www.havening.org**

Simone Anliker, Havening Techniques® Practitioner, Entwicklungstrauma
(NARM, iEMDR), Spirituelle GFK (CNVC) Schweiz: **simoneanliker.com**

Verfahrensgrundsätze des Bundesverbands Mediation e.V.:
https://www.bmev.de

ENDNOTEN

1   Vgl. Rosenberg, Marshall B.: Konflikte lösen durch Gewaltfreie Kommunikation. Ein Gespräch mit Gabriele Seils, 8. Auflage, Freiburg: Herder, 2007, S. 132ff.

2   Vgl. Gandhi, Arun: Wut ist ein Geschenk, Köln: Dumont, 2017, S. 16ff.

3   Rosenberg, Marshall B.: Konflikte lösen durch Gewaltfreie Kommunikation. Ein Gespräch mit Gabriele Seils, 8. Auflage. Freiburg: Herder, 2007, S. 16ff.

4   Der Begriff *Selbst-Einfühlungs-Tanz* geht auf die beiden britischen GFK-Trainerinnen Gina Lawrie und Bridget Belgrave zurück. Sie haben das »GFK Tanzparkett« entwickelt, den »NVC Dancefloor«. Es handelt sich um 13 Bodenankerkarten, die die vier Schritte auf den drei Wegen der GFK abbilden.

5   Im Anhang und im Downloadbereich auf www.birgitschulze.com zum Buch findest du vertiefendes Übungsmaterial.

6   Rosenberg, Marshall: Gewaltfreie Kommunikation. Eine Sprache des Lebens, Paderborn: Junfermann, 2008, S. 45ff.

7   Obama, Michelle: Becoming, München: Goldmann, 2019, S. 27.

8   Vgl. Hüther, Gerald: Wer wir sind und was wir sein könnten. Ein neurobiologischer Mutmacher, Frankfurt: S. Fischer, 2011, S. 59ff.

9   Die Formulierungen *später* und *voller Matsch* sind auch keine genauen Beobachtungen. *Später* drückt keinen konkreten Zeitrahmen aus, zum Beispiel 30 Minuten oder zwei Stunden. *Voller Matsch* lässt offen, ob die Hose ein paar Matschspritzer hat oder vollständig mit Matsch bespritzt ist.

10   Alle Namen von Teilnehmenden meiner Kurse sind geändert.

11   Rosenberg, Marshall B.: Gewaltfreie Kommunikation. Eine Sprache des Lebens. Gestalten Sie Ihr Leben, Ihre Beziehungen und Ihre Welt in Übereinstimmung mit Ihren Werten, 7. Auflage, Paderborn: Junfermann, 2007, S. 17.

12 Alle Namen in den Beispielen sind redaktionell geändert, sodass kein Rückschluss auf eine Person möglich ist.

13 Übersetzt heißt das: »Guten Morgen, Birgit. Um es gleich klarzustellen: Ich brauche keine Therapie!«

14 Die folgende Schlüsselunterscheidung ist entnommen aus: Kauschat, Irmtraud, und Schulze, Birgit: 52 × ICH – Praxisbuch zum wertschätzenden Umgang mit mir selbst auf Basis der Gewaltfreien Kommunikation, 2. Auflage, Norderstedt: BoD, 2019, S. 111.

15 Vgl. Bauer, Joachim: Warum ich fühle, was du fühlst. Intuitive Kommunikation und das Geheimnis der Spiegelneurone, München: Wilhelm Heyne Verlage, 2006.

16 Hüther, Gerald: Bedienungsanleitung für ein menschliches Gehirn, Göttingen: Vandenhoek & Ruprecht, 2010, S. 53ff.

17 Entnommen aus: Kauschat, Irmtraud, und Schulze, Birgit: Das große Praxisbuch zum wertschätzenden Miteinander – 101 Übungen zur Inspiration Ihrer Seminare und Gruppen auf Basis der Gewaltfreien Kommunikation, 2. Auflage, Norderstedt: BoD, 2017, S. 195.

18 In Anlehnung an: Kauschat, Irmtraud, und Schulze, Birgit: Das große Praxisbuch zum wertschätzenden Miteinander – 101 Übungen zur Inspiration Ihrer Seminare und Gruppen auf Basis der Gewaltfreien Kommunikation, 2. Auflage, Norderstedt: BoD, 2017, S. 115.

19 Holt, John: »Wir lernen durchs Tun«, in: Canfield, Jack und Hansen, Mark Victor: Hühnersuppe für die Seele. Geschichten, die das Herz erwärmen, München, Arkana Verlag, 2015, S. 155.

20 www.birgitschulze.com

21 Bridget Belgrave/Gina Lawrie, siehe http://www.liferesources.org.uk/people.html, der Shop zum Bestellen ist: http://life-resources-shop.com/

22 Thich Nhat Hanh: Ärger. Befreiung aus dem Teufelskreis destruktiver Emotionen, München: Goldmann, 2007, S. 131ff.

23 Rosenberg, Marshall: Gewaltfreie Kommunikation. Eine Sprache des Lebens. Paderborn: Junfermann, 2008, S. 73ff.

24 Entnommen aus: Kauschat, Irmtraud und Schulze, Birgit: 52 x ICH – Praxisbuch zum wertschätzenden Umgang mit mir selbst auf Basis der gewaltfreien Kommunikation, 2. Auflage, Norderstedt: BoD, 2019, S. 126.

25 Dr. Ronald A. Ruden, siehe: www.havening.org

26 Simone Anliker, Havening Techniques® Practitioner, Entwicklungstrauma (NARM, iEMDR), Spirituelle GFK (CNVC) Schweiz, simone-anliker.com

27 Rosenberg, Marshall: Gewaltfreie Kommunikation. Eine Sprache des Lebens. Paderborn: Junfermann, 2008, S. 131ff.

28 Rosenberg, Marshall: Gewaltfreie Kommunikation. Eine Sprache des Lebens, Paderborn: Junfernmann, 2007, S. 131ff.

29 Gordon, Thomas: Familienkonferenz in der Praxis. Wie Konflikte mit Kindern gelöst werden, Heyne 2012, S. 42ff.

30 Rosenberg, Marshall: Die Sprache des Friedens sprechen – in einer konfliktreichen Welt. Paderborn: Junfermann, 2006, S. 17ff.

31 Bei http://life-resources-shop.com/

32 Herzog, Werner (Regie und Drehbuch): Mein liebster Feind, Dokumentarfilm, 1999.

33 In Anlehnung an den Sufi-Poeten Rumi (13. Jahrhundert): »Es gibt einen Ort jenseits von richtig und falsch. Dort treffen wir uns.«

34 Entnommen aus: Kauschat, Irmtraud, und Schulze, Birgit: 52 × ICH – Praxisbuch zum wertschätzenden Umgang mit mir selbst auf Basis der Gewaltfreien Kommunikation, Norderstedt: BoD, 2019, S. 134.

35 Vgl. Kapitel »Schritt: Bitte«, ab Seite 62.

36 In Anlehnung an die gleichlautende Übung aus: Kauschat, Irmtraud, und Schulze, Birgit: Das große Praxisbuch zum wertschätzenden Miteinander – 101 Übungen zur Inspiration Ihrer Seminare und Gruppen auf Basis der Gewaltfreien Kommunikation. 2. Auflage, Norderstedt: BoD, 2017, S. 127.

37 Angelehnt an die Verfahrensgrundsätze des Bundesverbands Mediation e.V., https://www.bmev.de

38 Der Begriff *Dramadreieck* kommt aus der Transaktionsanalyse von Erik Berne und wurde erstmals von Stephen Karpman beschrieben. Es zeigt ein Beziehungsmuster zwischen Beteiligten eines Konflikts, die darin die drei Rollen einnehmen: Opfer, Täter oder Verfolger, Retter oder Helfer. Beispiel: Sabine nimmt Hans einen Stift weg. Sabine = Täterin, Hans = Opfer. Markus nimmt Sabine den Stift weg und gibt ihn Hans zurück. Damit ist Hans gleichzeitig Retter für Markus und wird zum Täter in der Situation.

39 Entnommen aus: Kauschat, Irmtraud, und Schulze, Birgit: 52 × ICH – Praxisbuch zum wertschätzenden Umgang mit mir selbst auf Basis der Gewaltfreien Kommunikation, Norderstedt: BoD, 2019, S. 126.

40 Entnommen aus: Kauschat, Irmtraud, und Schulze, Birgit: 52 × ICH – Praxisbuch zum wertschätzenden Umgang mit mir selbst auf Basis der Gewaltfreien Kommunikation, Norderstedt: BoD, 2019, S. 125.

41 Vgl. Kreutzer, Michael: Straßengiraffisch. Einführung in mitfühlende Kommunikation in der Alltagssprache, Independently published, 2020.

42 Vgl. das Sender-Empfänger-Kommunikationsmodell nach Claude E. Shannon und Warren Weaver, The Mathematical Theory of Communication, University of Illinois Press, 1963, S. 12ff.

43 Angelehnt an: Kauschat, Irmtraud, und Schulze, Birgit: Das große Praxisbuch zum wertschätzenden Miteinander – 101 Übungen zur Inspiration Ihrer Seminare und Gruppen auf Basis der Gewaltfreien Kommunikation. 2. Auflage, Norderstedt: BoD, 2017, S. 129.

44 Inspiriert durch: Byrne, Rhonda: The Magic, »Tag 1« Übung 1, München: Knaur 2012, S. 33.

45 Brahm, Ajahn: Der Elefant, der das Glück vergaß. Buddhistische Geschichten, um Freude in jedem Moment zu finden, München: Lotos Verlag, 2014, S. 48.

46 Vgl. Hüther, Gerald: Wer wir sind und was wir sein könnten. Ein neurobiologischer Mutmacher, Frankfurt: S. Fischer, 2011, S. 118ff.

47   Vgl. Hüther, Gerald: Wer wir sind und was wir sein könnten. Ein neurobiologischer Mutmacher, Frankfurt: S. Fischer, 2011, S. 118ff.

48   Brizendine, Louann: Das weibliche Gehirn. Warum Frauen anders sind als Männer, München: Goldmann Verlag, 2008, S. 19ff.

49   Brizendine, Louann: Das weibliche Gehirn. Warum Frauen anders sind als Männer, München: Goldmann Verlag, 2008, ebenda.

50   Hüther, Gerald: Education for Future, Interview vom 01. April 2021, https://www.youtube.com/watch?v=SFoGdqMBIl8 (29.07.2021).

51   Hüther, Gerald: Lieblosigkeit macht krank: Was unsere Selbstheilungskräfte stärkt und wie wir endlich gesünder und glücklicher werden, Freiburg: Herder 2021, S. 10.

52   Angelehnt an: Übung 40 aus Kauschat, Irmtraud, und Schulze, Birgit: 52 × ICH – Praxisbuch zum wertschätzenden Umgang mit mir selbst auf Basis der Gewaltfreien Kommunikation, Norderstedt: BoD, 2019, S. 91.

53   Nach Laurence Reichler, 1997, nach Dr. Obrecht, Schule für soziale Arbeit, Marshall Rosenberg und Dr. med. Irmtraud Kauschat.

54   Sender-Empfänger-Kommunikationsmodell nach Claude E. Shannon und Warren Weaver, in: The Mathematical Theory of Communication, University of Illinois Press , 1963, S. 12.